Stöppel Freizeitführer 612

Christel Blankenstein

ALLGÄU

Freizeit mit Kindern

STÖPPEL
FreizeitMedien

Übersichtskarte

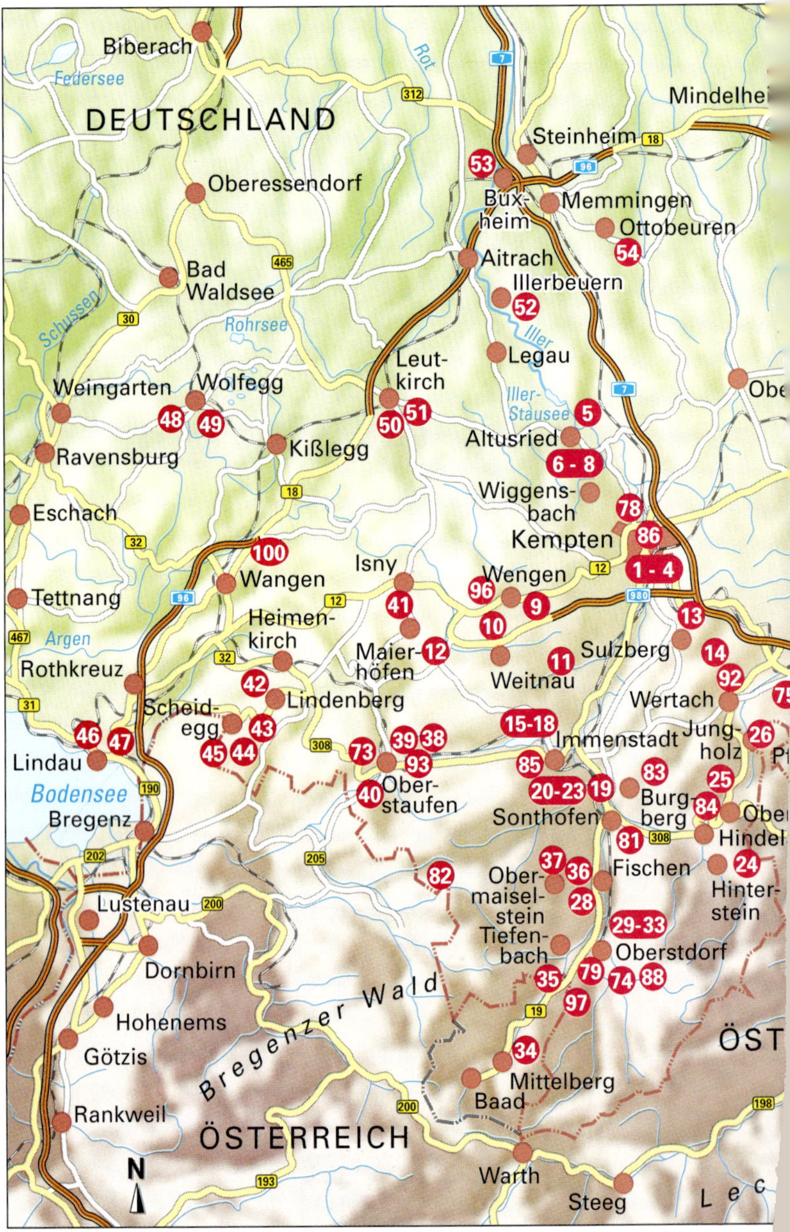

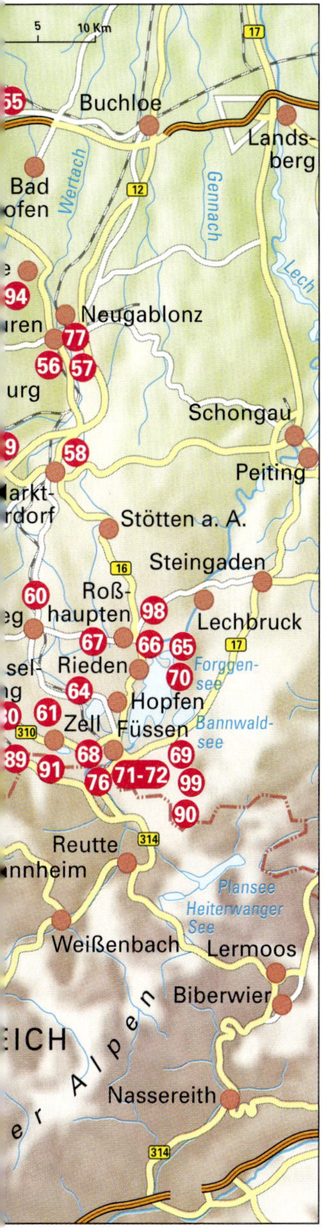

Die roten Ziffern entsprechen
den Tourennummern

Die Autorin:

Christel Blankenstein war über zehn Jahre lang als Reise- und Freizeitjournalistin bei einem Augsburger Privatradio tätig und bringt ihre Erfahrungen seit 1990 auch in Buchform zu Papier. Schwerpunkt der begeisterten Wander-, Radler- und Bergsteigerin ist dabei ihre süddeutsche Heimat und das nahe Österreich.

Bei Recherche und Ausarbeitung haben Autorin und Verlag größte Sorgfalt walten lassen, trotzdem bleiben die gemachten Angaben ohne Gewähr. Beim Nachvollziehen der Touren ist jeder in eigener Verantwortung und auf eigene Gefahr unterwegs und selbst für seine Sicherheit zuständig. Eine Haftung für eventuelle Unfälle und Schäden jeglicher Art kann weder von der Autorin noch vom Verlag übernommen werden.
Auf jedem Fall freuen wir uns über Korrekturen, Anregungen und Verbesserungen zu diesem Freizeitführer. Bitte senden Sie diese an:
STÖPPEL FreizeitMedien GmbH, Mandichostr. 18, 86504 Merching.

Bildnachweis:

Umschlagbild: Bildagentur Mauritius (groß), no limits edition (klein); Allgäuer Bergbauernmuseum (S. 34); ICO GmbH, Blaichach (Seite 47); Verkehrsamt Lindenberg (Seite 91); Kiechle, Wiggensbach (Seite 139); Kurverwaltung Oberstdorf (Seite 147); Singer, Schwangau, Reprorecht Kurverwaltung Schwangau (Seite 155); Alle weiteren Fotos von Christel Blankenstein.

Bibliografische Information der Deutschen Bibliothek
Die Deutsche Bibliothek verzeichnet diese Publikation in der Deutschen Nationalbibliografie, detaillierte bibliografische Daten sind im Internet unter http://ddb.de abrufbar.

3. aktualisierte Ausgabe 2004

www.stoeppel.de

Redaktion, Layout und Herstellung:
Der Buch*macher*, Arthur Lenner, München
Karten: Computerkartographie Carrle, München
Umschlaggestaltung: Uhlig/www.coverdesign.net
Druck: EOS, St. Ottilien
Printed in Germany

ISBN 3-89987-612-8

Die Symbole

Die den Ausflügen zugeordneten Kindersymbole haben folgende Bedeutung:

Märchenstube, -museum; Hier werden Märchen aufgeführt

schöner Winterspaziergang, Rodelbahn, Wintertip

Ausflug ist auch bei schlechtem Wetter zu empfehlen

Auf der Tour gibt es Bademöglichkeiten

Besonders reizvolle Radtour

Der Ausflug ist für Kinderwagen geeignet

Interessante Technik , Technisches Museum

Freizeitpark, schöner Spielplatz, Abenteuer

Tiere unterwegs, Zoo, Tiergehege

Ausflug mit dem Schiff, Bootstour

Schöne Wanderung

Hier gibt's etwas anzuschauen

Museumsbesuch

Eislaufen

Park, Botanischer Garten

Hier kann man einen Kindergeburtstag feiern

Diese Symbole sollen bei der Tourenplanung helfen, stellen jedoch meist nicht das ganze Spektrum des Ausflugsziels dar. So kann beispielsweise die "besonders schöne Wanderung" auch im Winter eine schöne Rodelstrecke oder ein reizvoller Spaziergang im Schnee sein - und natürlich auch umgekehrt. Ebenso eignet sich manche vorgeschlagene Radtour auch für eine Wanderung.

Symbolerklärungen

- Adresse mit Telefonnummern und weiteren Informationen
- Öffnungszeiten des Ausflugsziels, gesamte Wegstrecke oder die Zeit, die für die Tour einkalkuliert werden muß
- Eintrittspreise
- Einkehrmöglichkeiten
- Parkplätze mit kurzer Beschreibung der Anfahrt
- Anreise mit öffentlichen Verkehrsmitteln
- Frei- oder Hallenbad in der Nähe, Badeplatz
- Kombinationsmöglichkeiten mit anderen Ausflügen

Kartenlegende

- ★ Sehenswürdigkeit
- Kirche, Kapelle
- Burg, Schloß
- Ruine
- Museum
  Freilichtmuseum
- Freibad, Hallenbad
- Gasthaus
- Almhütte
- Naturdenkmal
- Parkplatz, Rastplatz
- Spielplatz
- Bahnhof
- Aussichtspunkt

Inhalt

Übersichtskarte 2/3
Symbole 5
Textsymbole und Kartenlegende 6
Vorwort 10
Zu Beginn ein paar Tips 12

Serviceteil 156
Register 167

Oberallgäu/Raum Kempten

1 Kempten, Kinderstadtführung 15
2 Kempten, Alpinmuseum 17
3 Kempten, Landschaftspark Engelhalde 18
4 Kempten, APC Archäologischer Park Cambodunum 21
5 Altusried, Freizeitpark 23
6 Wiggensbach, WIZ 24
7 Wiggensbach-Schwarzachen, Hofkäserei Haggenmüller 25
8 Wiggensbach, Reiten, Kutsch-/Pferdeschlittenfahrten 26
9 Wengen, Miniland Modelleisenbahnschau 28
10 Kleinweilerhofen, Ruine Alttrauchburg 30
11 Diepolz, Bergbauernmuseum 32
12 Weitnau-Seltmanns, Kletterhalle 35
13 Sulzberg, Burgruine 36
14 Petersthal, Rottachstausee 38

Oberallgäu

15 Immenstadt, Museum Hofmühle 40
16 Immenstadt, Badeweg 42
17 Immenstadt-Hofen, Wasserskilift 44
18 Immenstadt, Steigbachtobel, Mittelbergalpe 46
19 Blaichach-Bihlerdorf, Canadiertouren, Canyoning 48
20 Sonthofen, MO-Lok 50
21 Sonthofen, Heimathaus 51
22 Sonthofen-Winkel, Starzlachklamm, Alpe Topfen 52
23 Sonthofen, Wasserwirtschaftlicher Lehrwanderweg 56
24 Hindelang-Hinterstein, Kutschenmuseum, Wasserfall,
Wander- und Spielweg 58

25 Hindelang-Oberjoch, Alpe Kematsried ... 61
26 Jungholz, Almen- und Gipfelwanderung ... 62
27 Tannheim, Um den Vilsalpsee ... 64
28 Fischen, Obermühle ... 65
29 Oberstdorf, Ponyhof ... 67
30 Oberstdorf, Freibergsee ... 69
31 Oberstdorf, Skiflugschanze ... 70
32 Oberstdorf, Stillachtal ... 73
33 Oberstdorf, Wildfütterung ... 74
34 Kleinwalsertal, Bergabenteuer ... 76
35 Tiefenbach, Breitachklamm ... 77
36 Obermaiselstein, Sturmannshöhle ... 80
37 Ofterschwang, Ponyreiten ... 81
38 Oberstaufen-Knechtenhofen, Bauernhausmuseum ... 83
39 Oberstaufen-Willis, Tiergehege ... 84
40 Oberstaufen-Buchenegg, Wasserfälle ... 85

Westallgäu/Bayer.Bodensee

41 Maierhöfen, Eistobel ... 88
42 Lindenberg, Waldsee, Kinderloipe, Hutmuseum ... 90
43 Scheidegg, Handwerkermuseum, Heimathaus ... 92
44 Scheidegg, Wasserfälle ... 93
45 Scheidegg, Reptilienzoo ... 94
46 Lindau, Bodenseeradweg ... 95
47 Lindau, Bregenz, Alpenwildpark ... 98
48 Wolfegg, Bauernhausmuseum ... 101
49 Wolfegg, Automobilmuseum Fritz B.Busch ... 102
50 Leutkirch, Stadtweiher ... 104
51 Leutkirch, Museum im Bock, Glasmuseum ... 106

Unterallgäu/Raum Memmingen, Kaufbeuren

52 Illerbeuren, Schwäbisches Bauernhofmuseum ... 107
53 Buxheim bei Memmingen, Waldweiher ... 109
54 Ottobeuren, Allgäuer Volkssternwarte ... 110
55 Bad Wörishofen, Skyline Park ... 113
56 Kaufbeuren, Puppentheater ... 114
57 Kaufbeuren, Puppentheatermuseum ... 116
58 Marktoberdorf, Ettwieser Weiher ... 117
59 Marktoberdorf, Elbsee ... 120

Ostallgäu

60 Seeg-Langegg, Wildfarm „Gamshof" 121
61 Eisenberg-Zell, Burgruinen Hohenfreyberg und Eisenberg 122
62 Pfronten-Meilingen, Burgruine Falkenstein 125
63 Nesselwang, Sommerrodelbahn 127
64 Hopfen, Hopfensee 128
65 Roßhaupten, Forggensee-Infozentrum 129
66 Rieden, Puppenmuseum 131
67 Rieden, Faulensee 133
68 Füssen, 4-Seen-Radeltour 134
69 Schwangau-Brunnen, Ponyhof 138
70 Schwangau-Brunnen, Wildfütterung 140
71 Füssen, Lechfall 141
72 Füssen, Forggensee-Schiffahrt 142

Erlebnisbäder

73 Oberstaufen, Aquaria 145
74 Oberstdorf, Kristallbad 146
75 Nesselwang, ABC Alpspitz-Bade-Center 146

Eishallen

76 Füssen, Eissportzentrum 148
77 Kaufbeuren, Eisstadion 149
78 Kempten, Eisstadion 149
79 Oberstdorf, Eissportzentrum 150
80 Pfronten, Eissporthalle 150
81 Sonthofen, Eissporthalle 151

Rodelbahnen bzw. -wege

82 Balderschwang 152
83 Burgberg 152
84 Hindelang 152
85 Immenstadt 153
86 Kempten 153
87 Nesselwang 153
88 Oberstdorf 153
89 Pfronten 154
90 Schwangau/Hohenschwangau 154
91 Weissensee 155
92 Wertach 156
93-100 Die „letzten Acht" 166

Vorwort

Liebe (Groß-)Väter und (Groß-)Mütter,

Kinder lassen sich schon lange nicht mehr mit einem Märchenbuch in die Ecke setzen oder mit dem schon früher ungeliebten sonntäglichen Spaziergang zufrieden stellen. Und sie einfach vor dem Fernseher „aufzubewahren" ist wohl der schwächste Versuch von Freizeitgestaltung. Dabei ist es gar nicht so schwer, sich für einen Sonn- oder Ferientag etwas Besonderes vorzunehmen. Das Allgäu – ein beliebtes und lebendiges Urlaubsgebiet - steckt voller Möglichkeiten für Groß und Klein, was Ihnen dieses Buch beweisen möchte.

Auch die Anfahrt mit quengelnden Kindern im Auto muss nicht mehr sein. Bequem, sicher und umweltfreundlich ist die Anreise mit der Bahn, meist auch billiger durch die verschiedensten Tarifgestaltungen, die lästige Suche bei überfüllten Parkplätzen einschließlich der Stellplatzgebühren entfällt – und außerdem ist Zugfahren für die Sprösslinge an sich schon ein Erlebnis.

So bringt Sie beispielsweise der „ALEX" (Allgäu-Express) umsteigefrei alle zwei Stunden von der bayerischen Metropole München ins Oberallgäu und zurück. Die Strecke nach Oberstdorf mit Halt u.a. in Kaufering, Buchloe, Kaufbeuren, Kempten, Immenstadt, Sonthofen und Fischen legt ALEX in rund 2 1/2 Stunden zurück. Dabei reist man bequem in modernisierten Reisezug- oder im Treff-Wagen, wo das Serviceteam eine Auswahl an kalten und heißen Getränken sowie Snacks und kleine Speisen bereit hält. Auch mit dem „Bayern-Takt" oder „Allgäu-Schwaben-Takt" gelangt man sicher und stressfrei ans Ziel (siehe Service).

Lassen Sie sich also animieren von den Tipps und Anregungen für Schön- oder Schlechtwetter, für Sommer und Winter, damit Urlaubs- oder freie Tage für alle Seiten – Eltern, Großeltern und Kinder – zum unvergesslichen Erlebnis werden. In diesem Sinne wünsche ich Ihnen viel Spaß im entdeckenswerten Allgäu!

Ihre
Christel Blankenstein

Eine Attraktion bei der Kinderstadtführung>>
in Kempten ist der St.-Mang-Brunnen

Zu Beginn ein paar Tips

Allgemeines

Aus der Fülle der kindgerechten Möglichkeiten habe ich versucht, möglichst „von allem etwas" zusammenzustellen und das auch weitgehend übers gesamte Gebiet zu verteilen. Das Buch erhebt also aus Platzgründen keinen Anspruch auf Vollständigkeit. Sind Sie erstmal vor Ort, werden Sie im „Familien-Urlaubsland Allgäu" noch viele Anregungen bekommen, hauptsächlich zum Radeln und Wandern. Die herrliche Landschaft ist ungeheuer abwechslungsreich und - von der Tiefe der Klamm bis zum Felsengipfel - voller kindgerechter Abenteuer. Die Verkehrsämter halten in der Hauptsaison umfangreiche, meist kostenfreie Kinderprogramme bereit, zu denen manchmal auch die Eltern eingeladen sind - aber eben nur manchmal. An dieser Stelle auch ein Dankeschön an die Allgäuer Verkehrsämter, die mir in Detailfragen stets freundlich und sachkundig weitergeholfen haben.

In den Tourenbeschreibungen sind verschiedentlich Hinweise auf zusätzliche Unternehmungen enthalten. Die Texte wollen lediglich einen kurzen Überblick verschaffen zu dem, was Sie erwartet. Ihnen und Ihren Kindern sollte viel Raum für eigene Entdeckungen bleiben - und im Buch Platz für ein paar Tips mehr. Die unzähligen Seen im Voralpenland haben meist freie Badeplätze oder Schwimmbäder. Im Winter finden Sie im Allgäu viele Loipen jeder Länge und Schwierigkeit, Natureisbahnen in den Orten bzw. auf den Seen (auf eigene Gefahr) und nahezu überall einen Rodelhang. Einige besonders schöne Seen und Rodelbahnen habe ich ins Buch aufgenommen.

Über die vorgeschlagenen Kombinationsmöglichkeiten hinaus eröffnen Ihnen die unter weiterführender Literatur genannten Bücher eine Fülle von Gestaltungsmöglichkeiten für Ihre Freizeit mit Kindern. Außerhalb der normalen Öffnungs- oder Besuchszeiten können Sie nahezu überall Sondertermine für Gruppenführungen (Schulklassen, Vereine, Großfamilien) vereinbaren. Dazu gibt es in den meisten Fällen auch Preisermäßigungen, Schulklassen brauchen manchmal gar nichts zu bezahlen. Bedenken Sie, daß viele Museen oder Sehenswürdigkeiten erst durch eine fachkundige Führung richtig zu leben beginnen. Außerdem können die Kinder auch Fragen stellen.

Finden sich - vor allem in den größeren Orten - mehr als nur tourbezogene Gaststätten, sind keine einzelnen genannt bzw. fehlt der Hinweis ganz. Das Symbol „Geld" erscheint ebenfalls nicht, wenn kein Eintritt anfällt. Parkplätze ohne den Zusatz „gebührenpflichtig" sind frei. Parkhäuser kosten natürlich etwas, ebenso Minigolfplätze, Ruderboote und Schwimmbäder, wobei sich die Preise im üblichen Rahmen bewegen. Die Geburtstagssymbole beziehen sich nicht immer auf spezielle Angebote, sondern sollen Hinweise auf Möglichkeiten geben, diesen wichtigen Tag entsprechend bzw. mal ganz anders zu feiern.

Wanderzeiten

Bei den Kilometer- oder Stundenangaben ist, sofern nichts Gegenteiliges vermerkt wurde, jeweils die gesamte Tour erfaßt. Angegeben sind reine Gehzeiten ohne Pausen, wobei ich das übliche Wandertempo von etwa 4 km pro Stunde zugrunde gelegt habe, was Ihnen einen Anhaltspunkt für die Länge der Tour geben soll und die ein lauffreudiger Fünfjähriger durchaus schaffen kann. Mit jüngeren Kindern oder solchen, die gerne bummeln und unbedingt den Käfer oder die Eidechse am Wegrand beobachten wollen, müssen Sie einiges, um nicht zu sagen, ein Vielfaches an Zeit mehr rechnen. Hierbei auch die Bitte: Überfordern Sie Ihre Sprößlinge nicht, nur um die ganze Tour oder die angegebene Zeit zu „schaffen". Lassen Sie ihnen vor allem die Freude, die Welt auf ihre Art zu entdecken. Wenn Sie Ihrem Nachwuchs nebenbei erklären, wie wichtig beispielsweise die Erdkröten sind, weil sie unheimlich viel Ungeziefer vertilgen, oder wie die Bienen auf all den Blüten die Pollen für unseren süßen Honig sammeln, werden die Kinder auch gleich lernen, entsprechend Achtung vor der Natur und ihren Geschöpfen zu haben.

Kleidung

Kinder schwitzen oder frieren viel schneller als Erwachsene. So ist vor allem für sie die typische „Zwiebelkleidung" von Vorteil: Schale um Schale läßt sich „abpellen" und genauso wieder anziehen. Bei Wanderungen allgemein sollten Sie auf gutes Schuhwerk achten, das heißt, der Schuh muß passen (nicht zu klein, nicht zu groß), darf nicht drücken oder reiben und sollte neben einer Profilsohle auch einen hohen Schaft haben. Vor allem bei der Begehung der Klammen, Höhlen und Felsgebiete ist der Knöchelschutz ein Muß. Heutzutage und besonders im Hochgebirge hat sich die UV-Strahlung wesentlich verstärkt, so daß Sonnenschutzmittel unverzichtbare Begleiter sind.

Ebenso gehört bei längeren Unternehmungen Regenzeug ins Gepäck. Nach einem Gewitter kann es im Allgäu oft empfindlich kalt werden. Vergessen Sie also auch am strahlendsten Sommermorgen nicht die warme Jacke oder Windbluse, zumal es in höheren Regionen wesentlich kühler sein kann als im Tal. Bei Radeltouren sollten Sie mit gutem Beispiel vorangehen und ebenso wie die Kinder einen Helm aufsetzen.

Essen und Trinken

Wer mit Kindern unterwegs ist, weiß, daß immer Eß- und Trinkbares greifbar sein muß; denn wenn Sie vor dem Gasthof stehen, haben die Kinder oft keinen Hunger - aber todsicher zehn Minuten später! Außerdem ist ein Picknick am Rand einer Wiese (wo man die Grashüpfer und Schmetterlinge beobachten kann), auf einem hohlen Baumstamm (der sich wie der nahe Wald erkunden läßt) oder am Bach (an dem unbedingt ein Staudamm gebaut werden muß, aber bitte kein großer!) viel interessanter als der schönste Biergarten. Die Kleinen brauchen auch wesentlich mehr und öfter Nahrungs- oder Flüssigkeitsnachschub als die Erwachsenen. Bei Letzterem sind Mineralwasser, verdünnte Säfte oder schwach gesüßter Tee bessere Durstlöscher als Limonaden oder die heißgeliebte Cola!

Noch eine Bitte

Zwar werden Hinweise der Autoren, den Müll wieder mitzunehmen und die Umwelt zu schonen, gern als „oberlehrerhaft" abgetan. Doch wenn man sieht, wie selbstverständlich davon ausgegangen wird, daß andere (für teures und eigentlich unser aller Geld!) den Abfall zu beseitigen haben und wie wenig schonend oftmals mit der Natur oder Einrichtungen umgegangen wird, die doch zur Freude der Allgmeinheit dienen sollen, dann sei auch in diesem Buch eine solche Bitte gestattet. Nicht zu vergessen die Vorbildfunktion der Erwachsenen: Kinder ahmen nach - das gute wie das schlechte Beispiel!

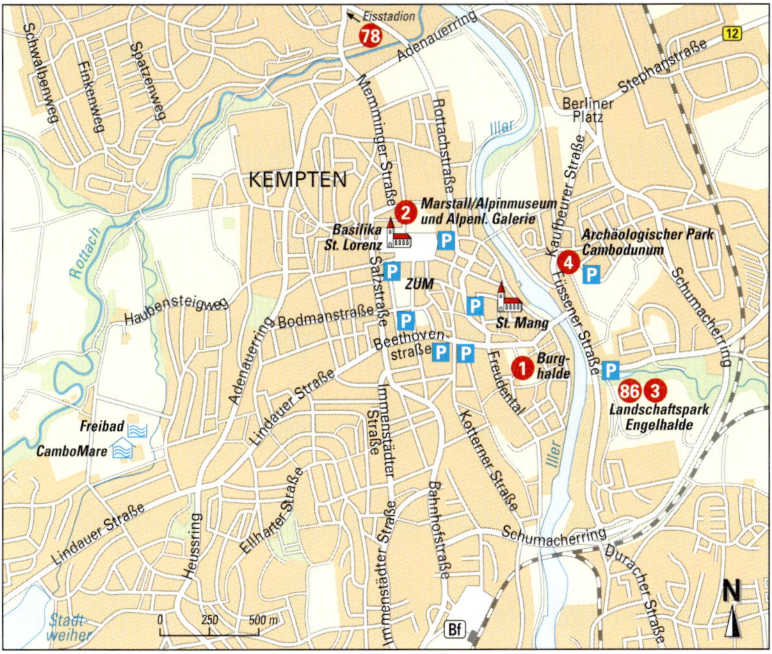

1

Kempten - Kinderstadtführung

Zu Beginn wollen wir die Allgäu-Metropole etwas näher kennenlernen, in der die Kinderstadtführungen zu einer festen Einrichtung geworden sind. Sie nehmen nahezu den gleichen Weg wie die Führungen der Erwachsenen, werden jedoch kindgerecht erklärt und dauern etwa 1 1/2 Stunden. Auch die Eltern dürfen mitgehen, es sei denn, sie schließen sich der zeitgleich laufenden Erwachsenen-Führung an, die ebenfalls bei der Lorenz-Kirche endet. Ihre Sprößlinge sollten wenigstens 7 Jahre alt sein. Vorherige Anmeldung ist nicht nötig, man trifft sich einfach am Aufgang zur Burghalde.

Mit der freundlichen Führerin dürfen Ihre Kinder beispielsweise in einen tiefen Brunnen schauen, in dem die Römer einen Schatz vergraben hatten, in der „Bäckerstraße" die Schilder der früheren Bäckereien suchen, in der Kirche die „Knallbänke" ausprobieren und auf den Fabeltieren des St.-Mang-Brunnens reiten. Im Hofgarten sind in einem Wasserbecken bereits gesehene Gebäude wiederzuentdecken, und an der Sternzeichenuhr am Rathaus darf jeder raten, wie oft im Jahr der Zeiger die Runde macht.

1 Kurzinfos *Karte S.15*

Amt für Tourismus, Rathausplatz 24, 87435 Kempten,
Tel. 0831/2525-237, Fax 2525-427, www.kempten.de,
touristinfo@kempten.de

11 Uhr, jeden 2. Sa im Monat (Mai-Okt), Treffpunkt: Aufgang zur Burghalde, Burgstraße

Die Führerin freut sich über ein Trinkgeld.

Am besten unterhalb der Engelhalde (Tour 3). Zu Fuß in etwa 10 Min. über die St.Mang-Brücke und geradeaus durch die „Burgstraße" zur nahen Burghalde (Schild).

Bushaltestelle „Freudental".

Freibad im Westen von Kempten, Am Göhlenbach 25; dahinter (Aybühlweg 58) Bade- und Saunawelt „CamboMare",
Tel. 0831/581210, www.cambomare.de

Landschaftspark Engelhalde (3), Freizeitpark (5).

Kempten - Alpinmuseum

Wenn Sie schon die Berge zum Greifen nahe sehen, könnten Sie Ihren Kindern auch die Geschichte des Alpinismus und das Leben der Menschen im Gebirge nahebringen. Ein guter Weg dazu führt durchs Alpinmuseum, das im Marstall der ehemaligen fürstäbtlichen Residenz in Kempten untergebracht ist. Unter Mitwirkung des Deutschen Alpenvereins entstand ein Zweigmuseum des Bayerischen Nationalmuseums München, das als größtes Alpinmuseum in Europa gilt. Für den Nachwuchs wird der Rundgang durch ein Detektivspiel (Blätter an der Kasse) recht spannend.

Der erste Saal zeigt die Frühzeit der menschlichen Existenz im Extremraum Berge, die oftmals als Sitz der Götter angesehen wurden, die Mühen der Arbeit und den Kampf ums Überleben, die Berge als Lieferant von Rohstoffen und Energie bis hin zum Zentrum des Tourismus. Saal 2 befaßt sich mit Gebirgsschilderungen der Menschen früherer Tage, mit der Erforschung des Alpenraums und der künstlerischen Darstellung in Foto und Film. Im dritten Saal sind die Kinder wieder voll in ihrem Element. Hier ist eine Auswahl von Bäumen des Bergwaldes und Tieren der Alpen zu bewundern, ebenso eine Sammlung von Steinen, Mineralien und Fossilien.

Die Räume 4 und 5 zeigen markante Stationen des Bergsteigens wie auch seine technische Seite und die Gefahren der Berge - ganz wichtig, falls Ihre Kinder auch mal zu klettern gedenken. Im Dachgeschoß des Marstalls befindet sich die Skisammlung, von den ersten hölzernen Latten mit Lederriemenbindung (auf solchen durchquerte Fritjof Nansen 1888 das grönländische Inlandeis, bewies deren Funktionstüchtigkeit und begründete somit den Siegeszug des Ski) bis zu Spezialski für Hochgeschwindigkeitsrennen. Zur Nachahmung nur für Selbstmörder zu empfehlen: Steilwandfahrer Heini Holzer. Zudem werden Stiefel und Stöcke aus allen Epochen des Skisports gezeigt, die Entwicklung der Skifahrtechnik sowie Gerätschaften für das Leben in schneereichen Gegenden.

Alpinmuseum, Landwehrstr. 4, 87435 Kempten, Tel. 0831/2525740, Fax 2525463; Amt für Tourismus, Rathausplatz 24, 87435 Kempten, Tel. 0831/2525-237, Fax 2525-427, www.kempten.de, touristinfo@kempten.de

Di-So 10-16 Uhr.

Ca. EUR: Kinder (10-18 J.) 1,25; Familienkarte 5,-

In Kempten.

Parkplätze am Museum oder Parkhäuser in der Nähe. Das Museum liegt im Zentrum, nördlich der doppeltürmigen St.-Lorenz-Basilika.

Bahnhof-ZUM (Zentrale Umsteigestelle) Linien 4,6,8,9.

Freibad im Westen von Kempten, Am Göhlenbach 25; dahinter (Aybühlweg 58) Bade- und Saunawelt „CamboMare", Tel. 0831/581210, www.cambomare.de

Landschaftspark Engelhalde (3), Freizeitpark (5).

3

Kempten - Landschaftspark Engelhalde

Die in eine Mulde zwischen Nagelfluhfelsen und eine Fabrik integrierte Parkanlage hat die Stadt Kempten in den Jahren 1987-89 für ihre Bürger geschaffen. Sie liegt östlich der Iller an der „Lenzfrieder Straße", sozusagen vor den Toren der Altstadt. Der Park ist Fußgängerbereich, doch auf verschiedenen Wegen ist Radfahren gestattet, Baden im Teich allerdings nicht. Hunde müssen an die Leine.

Rutschvergnügen im Landschaftspark Engelhalde

Die ausgedehnten Wiesen sind zum Spielen, Lagern und fürs Familienpicknick gedacht. Es gibt einen Kleinkinder- und Sandspielplatz, einen Abenteuerbereich für die größeren Sprößlinge und eine Rutschbahn. Der Kiosk am Weiher mit dem vorgelagerten Feuchtbiotop ist bewirtschaftet. Im Winter dient der Hang gleich am Zugang als Rodelbahn.

Durch ein (kostenpflichtiges) Drehkreuz erreicht man eine Boulder- und Kletterwand mit 700 qm Kletterfläche, über 350 Sicherungspunkten und 2200 bunten Griffen, die die Schwierigkeiten der Routen kennzeichnen, geeignet vom Anfänger bis zum Kletterprofi. Die Sektion Kempten des Deutschen Alpenvereins bietet – auch für Schulen – Kletterkurse an.

3 Kurzinfos *Karte S. 15*

Amt für Tourismus, Kempten, siehe Tour 1;
DAV Kempten, Tel. 0831/20927, (Mo, Mi–Fr 14–19 Uhr),
www.alpenverein-kempten.de

Park frei, Kletterwand ca. EUR: Nichtmitglieder und Drehkreuz 8,–; DAV-Sektionsmitglieder: Erw. 4,–, Kinder 6–18 J. 2,–; Saisonkarten.

Kiosk im Park.

In der „Lenzfrieder Straße“ unterhalb vom Park. Von der Autobahn A 7 bzw. der B 12 aus Richtung Landsberg/München gerade in die Stadt, kurz darauf am „Berliner Platz“ links, dann rechts abwärts, vor der Iller weiter bis Abzweig links „Leupolz, Lenzfried“. Von der B 12 aus westlicher Richtung (Isny, Lindau) immer gerade durch die Stadt, nach der Illerbrücke rechts und links wie oben.

Bahnhof-ZUM Linie 4,6,8,9, dann mehrere zur „St.Mang-Brücke“ bzw. „Füssener Straße“. Von dort südlich in wenigen Minuten zum Park.

Freibad im Westen von Kempten, Am Göhlenbach 25; dahinter (Aybühlweg 58) Bade- und Saunawelt „CamboMare“, Tel. 0831/581210, www.cambomare.de

Archäologischer Park Cambodunum (4), Kinderstadtführung (1), Alpinmusuem (2).

Kempten - Archäologischer Park Cambodunum (APC)

Besonders für Kinder, die gerade die Römer in der Geschichte durchnehmen, oder für Schulklassen ist der dreigeteilte Archäologische Park Cambodunum besonders interessant. Sollten die kleineren die alten Römer langweilig finden, bietet ein Spielplatz neben dem Gallorömischen Tempelbezirk Abwechslung. Einiges an Zeit müssen Sie einplanen, falls Sie sich eingehend mit der Materie befassen wollen.

1.) Beim „Gallorömischen Tempelbezirk" handelt es sich um eine Teilrekonstruktion auf den originalen Grundmauern. Die ersten Ausgrabungen erfolgten 1937/38. Es sind Fotos und Beschreibungen sowie unter den diversen Funden wunderschöne kleine Skulpturen von Göttern zu sehen. Hier stand eine reine Zivilstadt, deswegen gab es hier keine militärischen Geräte, dafür original „Terra Sigillata", das „Porzellan" der Römer. Mit Nachbildungen der gut durchdachten Schlüssel dürfen die Kinder versuchen, die Tempeltüren aufzuschließen und auf der im Freien aufgestellten Skulpturentafel herausfinden, wieviele Pferde darauf sind (nicht vorher verraten: Es sind fünf). Aus verschiedenen aufgelisteten Videofilmen können Sie sich den ein oder anderen heraussuchen und von der Aufsicht kostenlos vorführen lassen. In der TABERNA gibt es römisches Gebäck zu kaufen (Crustulum), Honigwein (Mulsum) unn den Würzwein „Vinum conditum". Es ist sinnvoll, sich einen Walkman zu leihen, der durch die Anlage führt. Zur kostenlosen Führung für Einzelpersonen und Familien trifft man sich hier jeden Sonntag um 11 Uhr.

2.) Zu den „Kleinen Thermen" gehen Sie die Straße an der Spielwiese entlang und folgen dem Wegweiser. Um das römische Badewesen so richtig zu begreifen, sollten Sie vorab den 25minütigen Videostreifen „Cambodonum geht baden" anschauen. Er ist recht lustig und zieht Parallelen zwischen dem Badewesen einst und jetzt. Die Badeanlage des römischen Statthalters und seiner Gäste besitzt eine Schutzhalle, in der sich die originalen Grundmauern, Böden, Heizkeller und Kanäle der Therme von einem umlaufenden Steg aus bewundern lassen. Außerdem sind ein großes Gesamtmodell mit Drucktasten und Hinweislichtern, Bild- und Texttafeln sowie ebenfalls archäologische Funde ausgestellt.

3.) Hinter den Kleinen Thermen liegt das kostenfrei zugängliche „Forum", in dem derzeit die Basilika, der größte und nobelste Versammlungsraum der Römerstadt, am besten ablesbar ist. Vom wiedererrichteten Tribunal, einem Podium in der Apsis der Basilika, bekommen Sie einen guten Überblick. Ein Modell und Schautafeln erläutern die Anlage.

4 Kurzinfos *Karte S. 15*

Stadtarchäologie Kempten, Füssener Str. 90, 87437 Kempten, Tel. 0831/574250, Fax 5742522, www.kempten.de, stadtarchaeologie@allgaeu.org; Amt für Tourismus (siehe Tour 1).

Di-So Mai-Okt 10-17, Nov/Dez, Mitte März/Apr 10-16.30 Uhr. Führung jeden So 11 Uhr. Sonderveranstaltungen zum APC-Sommer Juni-Sept (Programm wird zugesandt).

Ca. EUR: Erw. 3,-, Kinder bis 10 J. frei, Schüler, Studenten, Jugendl. bis 18 J. 1,50, Familienkarte 6,- (für den gesamten APC).

„TABENA" mit Gastraum und Museumsshop am Gallorömischen Tempelbezirk (nur Kleinigkeiten). Tipp: Bei der Kirche, im „Brodkorbweg", Restaurant „Luginsland" (Terrasse, gutbürgerliche, deftige Küche).

Parkmöglichkeiten beim Gallorömischen Tempelbezirk, „Cambodunumweg". Mit Wegweisern „APC, Archäologischer Park Cambodunum" weiträumig ausgeschildert. Von der B 12 bzw. Autobahn A 7 Abfahrt Kempten, am „Berliner Platz" links auf den „Schumacherring".

Bahnhof-ZUM, Buslinien 4,6,8,9, dann 1 oder 3.

Freibad im Westen von Kempten, Am Göhlenbach 25; dahinter (Aybühlweg 58) Bade- und Saunawelt „CamboMare", Tel. 0831/581210, www.cambomare.de

Landschaftspark Engelhalde (3), Freizeitpark (5).

5

Altusried - Freizeitpark

Im Tal südlich von Altusried liegt beim Schwimmbad ein netter kleiner Freizeitpark, bei dem zwar kein Eintritt verlangt wird, aber jedes Vergnügen eigens kostet. Was das Familienportemonnaie strapazieren wird, sind der Minigolfplatz, die Runden mit der Western-Eisenbahn, Ringcar- und Miniautobahn sowie das kleine Karussell. Auf dem Trampolin dürfen die Kinder fürs Geld hüpfen so oft sie wollen. Kostenlos können Schaukeln, Tischtennis, Rutschbahn, Sandkasten, die Liege- und Spielwiese und zwei Grillstellen (einschl. Holz) benutzt werden. Haben Sie das Fleisch vergessen, gibt es am Kiosk kleine Brotzeiten, Kaffee, Kuchen und Eis.

Kurzinfos

i Freitzeitpark Altusried, Tel./Fax 08373/1578.

Apr-Sept Di-Sa ab 14 Uhr, So/Fei und Okt ab 10.30 Uhr, jeden Sa ab 14 Uhr Flohmarkt (alles je nach Wetter).

Eintritt frei, Einzelpreise zwischen EUR 0,50 und 1,30.

Kiosk im Gelände, 2 Grillstellen.

P Am Freizeitpark. Von Kempten Richtung „Leutkirch, Altusried", dann links Schildern „Freibad, Freitzeitpark" folgen.

Linie 9725 oder 9772 (VG Kempten), Haltestelle „Stegmann" oder „Post", von dort jeweils auf der Hauptstraße ins Ortszentrum und an der Kurve mit der Linde bergab zum Freibad und dem dahinter liegenden Freizeitpark (ca. 15 Min.).

Schwimmbad (beheizt) beim Freizeitpark.

K WIZ (6), Hofkäserei Haggenmüller (7), Kinderstadtführung (1), Alpinmuseum (2), APC (4).

6

Wiggensbach - Wiggensbacher Informationszentrum (WIZ)

Selten kommt es vor, daß ein Verkehrsamt selbst den Besuch wert ist, wie das WIZ, das Wiggensbacher Informationszentrum nahe der Kirche. Untergebracht im ehemaligen Schulgebäude sind neben einer Filzwerkstatt, das Heimatmuseum (Bauernhaus, -möbel und Hausrat, Schneider- und Schmiedehandwerk, Wachsarbeiten, alte Kameras und Fotos, Geologie, Dokumentation zum Wiggensbacher Schatzfund auf der Burg Suseck u.a.) sowie eine Modelleisenbahnanlage, mit der ein Stück des früheren „Isny-Bähnles" zwischen Kempten und Isny nachgebaut wurde.

Kurzinfos

i Verkehrsamt Wiggensbach (WIZ), Kempter Str. 3, 87487 Wiggensbach, Tel. 08370/8435, Fax 379, www.wiggensbach.de, info@wiggensbach.de

Heimatmuseum: März-Okt So 10-12 und 14-16 Uhr, außerdem ganzjährig während der Öffnungszeiten des Verkehrsamtes: Mo-Fr 9-12 Uhr.

P Beim WIZ.

Buslinie 40 (von Kempten), Haltestelle „Marktplatz".

Freibad in Wiggensbach (Eintritt frei) oder beheiztes Schwimmbad in Altusried.

K Hofkäserei Haggenmüller (7), Reiten, Kutsch-/Pferdeschlittenfahrten (8), Freizeitpark (5).

7

Wiggensbach-Schwarzachen - Hofkäserei Haggenmüller

Im Weiler Schwarzachen, ein Stück nordwestlich von Wiggensbach, wird es richtig spannend, denn in der Hofkäserei Haggenmüller können Sie mit Ihren Kindern erleben, wie aus 600 Litern eigener Kuhmilch die verschiedensten Käsesorten entstehen.

Im Käselager, das Platz für 800 Dreikilolaibe bietet, müssen die „Schmankerl" dann Wochen oder Monate reifen, bevor sie im Wiggensbacher Supermarkt, auf dem Bauern- oder dem Kemptener Wochenmarkt verkauft werden.

Es ist sinnvoll, vorher anzufragen, denn gekäst wird nach Bedarf, oft sogar täglich. Die beste Zeit, in der es am meisten zu sehen gibt, ist etwa ab 10.30 Uhr. Auflerdem läßt sich im Hofladen durch eine Sichtscheibe beobachten, was in der Käserei gerade geschieht. Und während Sie einkaufen, werden sich Ihre Kinder im Sandkasten, Baumhaus und mit den Schaukeln vergnügen oder im Stall verschwinden, um die Kühe zu bestaunen und die Kälbchen zu streicheln.

Kurzinfos

Hofkäserei Haggenmüller, Schwarzachen 2, 87487 Wiggensbach, Tel. 08370/8427, Fax 93031, th. haggenmueller@worldonline.de; Verkehrsamt Wiggensbach (siehe 6).

Tag vorher anfragen, dann etwa ab 10.30 Uhr.

In Wiggensbach.

Bei der Käserei.

Freibad in Wiggensbach (Eintritt frei) oder beheiztes Schwimmbad in Altusried.

Reiten, Kutschfahrten (8), WIZ (6), Freizeitpark (5).

8

Wiggensbach -
Reiten und Kutsch-/ Pferdeschlittenfahrten

Zu Wiggensbach gehören viele kleine Weiler, so auch das westlich gelegene Unterkürnach. Hinter dem Kirchlein liegt das Hofgut Kürnach, ein Hotel mit Restaurant und Terrasse, davor ein kleiner Teich, Spielplatz, Gartenschach und Tennisplatz. Das über 300 Jahre alte Fachwerkhaus war bis 1804 Herrschaftshaus der Fürstabtei Kempten. Links drumherum, kommt man zu den Ställen. Pferde und Ponys stehen zur Verfügung. Außerdem finden die Sprößlinge einen Streichelzoo mit Ziegen, Hasen und Katzen vor.

In Burg, direkt bei Wiggensbach, geht es mit den Pferdekutschen der Familie Kiechle ins Grüne bzw. bei Schnee mit dem Pferdeschlitten durch die weiße Landschaft. Zu Kindergeburtstagen oder den Kutsch-/ Schlittenfahrten ist vorherige Anmeldung nötig. Der Kiechle-Hof ist auch Wanderreitstation. Katalog übers Wanderreiten (€ 2,50) wird zugesandt.

Kurzinfos

Hofgut Kürnach, Unterkürnach 2, 87487 Wiggensbach, Tel. 08370/8070, Fax 1863, www.hofgut-kuernach.de, info@hofgut-kuernach.de; Xaver Kiechle, Burg 2, 87487 Wiggensbach, Tel. 08370/1392; Verkehrsamt Wiggensbach (siehe 6).

Reiten: Mo 14-16, Di-So 9-11 Uhr und 14-17 Uhr.

Ca. EUR: Pony für Kinder bis 8 J. 1/2 Std. 5,-; Reitstunden und Ausritt nur mit Anmeldung. Kutsche 1 Std. 8,- Erw., 4,- Kinder.

Hofgut Kürnach bzw. in Wiggensbach.

Vor Ort.

Freibad in Wiggensbach (kostenlos), beheiztes Schwimmbad in Altusried.

K WIZ (6), Hofkäserei Haggenmüller (7), Freizeitpark (5).

In der Miniland Modelleisenbahnschau

9

Wengen - Miniland Modelleisenbahnschau

Zwischen Kempten und Isny liegt an der B 12 das Dorf Wengen und gleich hinter dem Gasthof „Adler" das „Miniland", eine 383 qm große HO-Modelleisenbahnschau der Superlative, die in Europa nicht ihresgleichen hat. Auf dem Eisenbahntisch mit einer Länge von 88 m und einem Schienenstrang von 1800 m sind von 200 Loks und 1100 Waggons ständig 85 Züge im Einsatz. So manche Lok legt während der Saison eine Strecke von Flensburg bis Garmisch-Partenkirchen zurück.

Die naturgetreue Modellandschaft im Maßstab 1:87 führt den Betrachter durch deutsche Lande vom Bodensee zum Nordseestrand. Über der Schwarzwaldlandschaft schweben Heißluftballone, die Alpenberge mit Schloß Neuschwanstein und weiß-blauer Zahnradbahn sind über 4 m hoch, und in der Bodenseelandschaft setzen die Pfahlbauten von Unteruhldingen, die Insel Mainau und der Lindauer Hafen entsprechende Akzente.

Neu sind Motive der neuen Bundesländer hinzugekommen mit Zuggarnituren der Deutschen Reichsbahn aus verflossener DDR-Zeit, aber auch mit neuen Zügen. Für die kleinen Besucher sind Podeste aufgebaut, von denen sie auf den Tisch schauen können.

Haben Sie Muße, die Anlage in Ruhe zu studieren, werden Sie allerorts die Liebe zum Detail entdecken. So sitzen im Fußballstadion 3500 handbemalte Zuschauer, auf dem Rummelplatz drehen sich Riesenrad und viele Karussells, während im Freizeitpark ein Park-Bähnle und eine Einschienenbahn ihre Runden ziehen. Ein deutsches Patent sind die beleuchteten Modellflugzeuge, die an dünnen Fäden einer Deckenkonstruktion hängen und auf dem Flugplatz starten und landen wie richtige Flugzeuge. Sie rollen an, gehen in den Steigflug, liegen schräg in der Kurve, fahren zur Landung die Klappen und das Fahrwerk aus und rollen bis zur Parkposition.

Wird die Halle abgedunkelt, erstrahlt die Anlage in einem einzigen Lichtermeer. Im Mini-Autokino läuft ein richtiger Film ab, und am Rhein steigt die Veranstaltung „Rhein in Flammen" mit einem Feuerwerk und illuminierter Schiffsparade. Es gibt noch vieles zu entdekken in der Minilandschaft, und wer nicht ganz so sicher ist in deutscher Geographie, dem helfen Tafeln vor den einzelnen Abschnitten weiter.

In der Beliebtheit der Zuschauer liegt laut einer Umfrage 2003 „Miniland bei Nacht" weit vorn. Ein besonderer optisch-akustischer Effekt sind Nebelschwaden und das Wetterleuchten im Hochgebirge mit Blitz, Donner und Regengeprassel.

Kurzinfos *Karte S.31*

Miniland, Am Langenberg 9, 87480 Wengen, Tel./Fax 08375/ 8622, www.miniland-allgaeu.de, miniland@miniland.de.

Mitte März bis Ende der 1. Novemberwoche und 26. Dez bis Ende der Weihnachtsferien tägl. 10-18 Uhr, in der übrigen Zeit nur Sa/So/Feiertage.

Ca. EUR: Erw. 6,-, Kinder (5-16 J.) 4,-, Familienkarte 7,-.

Gasthof „Adler" neben der Anlage.

Parkplatz beim Miniland.

Bus Kempten-Isny, Haltestelle „Wengen".

Ruine Alttrauchburg (10), Puppenwelt (96), Bergbauernmuseum (11), Kletterhalle (12), Eistobel (41).

Kleinweilerhofen - Ruine Alttrauchburg

Zwischen Wengen und Kleinweilerhofen, westlich von Kempten, steht an der B 12 eine große Hinweistafel „Burggaststätte Alttrauchburg".

Hier hält auch der Bus, von dem Sie zu Fuß (etwa 10 Min.) dem Sträßchen in Rechts-Linkskurve hinauf zum Wanderparkplatz am Wald folgen. Dort werden die Kinder zunächst das Brünnlein und den kleinen Bach zum Spielen entdecken. Nur das Wassertretbecken sollten Sie erst zum Schluß benützen, damit nicht die Füße aufweichen und sich mit Blasen „schmücken". Sie können - falls Ihre Kinder noch zu klein für die Fußrunde sind oder gerade „Lauf-Streiktag" haben - mit dem Auto auch das Sträßchen hinauffahren bis zur Burg.

Die Wanderung beginnen wir am Parkplatz durch das Tor mit dem Schild „Waldlehrpfad Alttrauchburg". Der Steig führt gleich etwas steiler bergan. Lustig zu lesen ist das Schild über den „Trimmpfad der Vorfahren". Lehrtafeln begleiten uns zum Querweg vor einem Hüttlein. Wir gehen rechts zum Waldrand und dort links im Wald Richtung „Alttrauchburg, Sonneck" erneut bergauf.

Dann halten wir uns rechts und treffen nochmal auf Lehrpfadschilder. Nach der „Europäischen Lärche" rechts, immer aufwärts, beim Wegedreieck wieder rechts. Kurz darauf tauchen die kleine Kapelle und das Gemäuer der Ruine auf, bei denen sich ein hübscher Rastplatz für die Rucksackbrotzeit oder zum Spielen findet.

Nun ist Burgbesichtigung angesagt. Die Trauchburg, die im Jahr 1041 erstmals erwähnt und im 18 Jh. zum Bau anderer Schlösser teilweise abgetragen wurde, ist eine der besterhaltensten Ruinen im Allgäu. Seit 1986 wurde sie mit viel Liebe und Einsatz saniert und vor dem Verfall gerettet. Eine große Tafel erklärt das frühere Aussehen und die Geschichte der Burg, kleine Schilder bezeichnen die einstigen Räume.

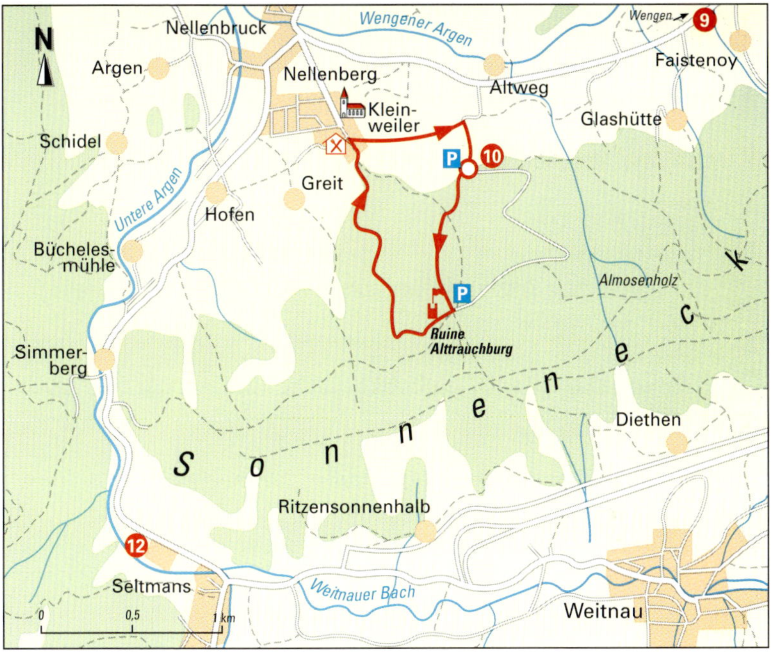

Nach der Rast im Biergarten des Gasthauses spazieren wir an weiteren Mauerresten vorbei zum Parkplatz hinter der Burg, dort rechts „Kleinweiler". Der breite Forstweg fällt ab, führt über zwei kleinere Bachgräben, nochmal kurz bergauf und geradeaus durch einen Hohlweg abwärts.

Die ersten roten Dächer tauchen auf, wir passieren die Viehgatter (bitte wieder schließen!), streicheln neugierige Kälbchen und gehen unten in Kleinweiler links. Beim Gasthof „Sonne" (mit Biergarten) wenden wir uns rechts in die „Alte Landstraße".

Auf einem Miniweiher schwimmen Gänse- und Entenküken, Kühe grasen auf der Wiese. Der autofreie Teerweg führt durch sonnige Buckelwiesen, und bei den nächsten Häusern gehen wir rechts hinauf zum Wanderparkplatz bzw. die Busfahrer geradeaus zur Haltestelle.

Kurzinfos *Karte S.31*

Verkehrsamt Weitnau, Hauchenbergweg 6, 87480 Weitnau, Tel. 08375/920241, Fax 1531, www.weitnau.de, tourismus@weitnau.de.

Ca. 1 1/2 - 2 Std.

„Burggaststätte Alttrauchburg" Apr–Okt, (Mittwoch Ruhetag) oder in Kleinweiler.

Wanderparkplatz am Waldbeginn (siehe Touranfang) oder oben bei der Burg.

Buslinie 50 Kempten-Isny, Haltestelle „Alttrauchburg".

Miniland Modelleisenbahnschau (9), Puppenwelt (96), Bergbauernmuseum (11), Kletterhalle (12).

11

Diepolz - Allgäuer Bergbauernmuseum

In dem nördlich von Immenstadt gelegenen Pfarrdorf Diepolz findet sich am Südhang des 1200 m hohen Hauchenberges das Allgäuer Bergbauernmuseum. Es bietet nicht nur Einblick in das Leben von Mensch und Tier in den Bergen, sondern auch eine herrliche Aussicht auf die Hochgebirgsgipfel.

Das Museum umfasst Ausstellungen zur Geschichte der Allgäuer Berglandwirtschaft und über die Kultur des Rindes, einen Spielplatz, Kräutergarten, Bauernhof mit Haustieren und Kino, eine Imkerei, Kirche und Bergkäserei. Des weiteren erzählt die aus den Oberstdorfer Bergen hierher versetzte, über 130 Jahre alte Höfle-Alp mit historischer Ausstattung und Käs'kuch vom spartanischen Leben der Sennen und Hirten und ihrem schweren Tagwerk. Insgesamt ist es ein sehr lebendiges Museum, das den damaligen Alltag mit all seinen Mühen und seiner Arbeitsvielfalt anschaulich darstellt. Sonderveranstaltungen wie traditionelles Filzen oder museumspädagogische Projekte für Schulen runden das Programm ab.

Auch die Kinder dürfen sich freuen, denn Langeweile gibt es selbst an Regentagen nicht. Bei Schönwetter ist der ungewöhnliche Spielplatz mit Kletterheinzen und hölzernen Wasserröhren ein Hauptanziehungspunkt. Ebenso gerne toben sich Groß und Klein im Heustock des Bauernhofs aus oder erleben im Kino die Abenteuer des Bergkoboldes Purzel. Heiß geliebt werden auch die zutraulichen, lebendigen Museumstiere, die sich längst an die Besucher gewöhnt haben. Ebenso interessant ist es, in der Dorfkäserei zuzusehen, wie der köstliche Käse entsteht, während die Erwachsenen einen Blick in die Kirche mit ihrer qualitätvollen neugotischen Ausstattung nicht versäumen sollten.

Wer einen außergewöhnlichen Kindergeburtstag feiern möchte, ist im Bergbauernmuseum an der richtigen Adresse. Je nach Altersstufe kann man das Programm unter verschiedenen Themen wählen. Da geht es um die Museumskatze und Blumenkuh, um Gespenster im Bergbauernhof oder um die Zeitreise auf der Alpe. Abschließend werden kleine Tierfiguren oder Zauberkästen gebastelt oder die alte Technik des Filzens erprobt. Vorherige Anmeldung ist erforderlich.

Bewirtet werden die Besucher im Gasthaus oder in der Museumsalpe, wo man bei frischer Milch und einer würzigen Käsebrotzeit die Schönheit der Allgäuer Landschaft genießt.

Kurzinfos

Allgäuer Bergbauernmuseum, Diepolz 44, 87509 Immenstadt, Tel. 08320/709670, Fax 709671, www.bergbauernmuseum.de, bergbauernmuseum@web.de; Gästeamt Immenstadt, siehe Tour 16.

Mai-Okt tägl. 10-18 Uhr, Oster- und Weihnachtsferien (außer Silvester und Neujahr) tägl. 13-17, restl. Jan und Apr Sa/So 13-17 Uhr.

Ca. EUR: Erw. 3,-, Kinder 7-18 J. 1,50, Familienkarte 6,-.

Gasthaus und Alpwirtschaft im Gelände.

Parkplatz am Museum, ein weiterer etwa 400 m entfernt.

Buslinie 9782 Immenstadt – Seltmanns, Haltestelle am Museum.

Am Großen oder Kleinen Alpsee, siehe Tour 16.

Badeweg (16), Wasserskilift (17), Kletterhalle (12).

Senner in der Museumsalpe

12

Weitnau-Seltmanns - Kletterhalle

Ein Tip für besonders bewegunshungrige Kinder ist die Kletterhalle in Seltmanns, westlich von Kempten. Die alte Fabrikhalle wurde zu einem Leistungszentrum für Sportkletterer und Allrounder, vor allem für Familien, umfunktioniert. Wände und Decken bieten 1800 qm Kletterfläche. Zwei Boulderhöhlen à 75 qm und eine Kinderkletterwand mit 120 qm sind vorhanden.

Für genervte Eltern, deren Nachwuchs ständig irgendwo hinaufkraxeln will und Bäume, Felsen und Schutthalden unsicher macht, wird - natürlich unter dem Motto „safety first" - ein vormittäglicher Kinderkletterkurs, (der auch ein nettes Geburtstagsgeschenk wäre!) unter erfahrener Leitung angeboten.

Die Ausrüstung kann geliehen werden. Vielleicht entdecken dabei Klein-Anna oder Klein-Erwin bereits in jungen Jahren ihre Begeisterung für diesen Sport. Aber auch mal nur zuzuschauen und die Kletterer aus der Nähe zu erleben, ist ausgesprochen interessant.

Kurzinfos

Karte S.31

Kletterhalle Seltmanns, Heinrich-Nicolaus-Str. 15, 87480 Weitnau-Seltmanns, Tel. 08375/8219, Fax 0831/690168.

Sept ab Ferienende bis Apr Mo-Do 17.30-22, Fr 16-21, Sa 13-21, So und Feiertage 11-18 Uhr, Mai-Juni Beginn 1 Std. später.

Ca. EUR: Erwachsene 7,50, Kinder bis 10 J. frei, 11-14 J. 3,-, Familientageskarte 18,-; Kinderkletterkurs auf Anfrage, Materialverleih 2,50.

In Weitnau.

P Vor der Halle. Anfahrt über Kempten oder Isny, von der neuen B 12 Abfahrt Seltmanns, links und gleich rechts ins Fabrikgelände (Hinweisschilder).

Buslinie 50 Kempten-Isny, Haltestelle „Seltmanns".

K Bergbauernmuseum (11), Miniland Modelleisenbahnschau (9), Ruine Alttrauchburg (10), Eistobel (41).

13

Sulzberg - Burgruine Sulzberg, Sulzberger See

Südlich von Kempten finden Sie auf der Karte den Ort Sulzberg. Von dort wollen wir zur nahen Ruine Sulzberg spazieren, die außer Burgenromantik auch ein kleines Museum bereithält.

Von der Sulzberger Kirche, am stattlichen Gasthof „Hirsch" vorbei, gehen wir leicht bergan, rechts in die „Martinszeller Straße" und als nächstes links in den „Burgweg". Nach den letzten Häusern beginnt ein Wiesenweg, die Ruine ist bereits sichtbar. Vor dem Schuppen am Wald führt ein Trampelpfad quer durch die Wiese. Nun müssen wir rechts etwas steiler bergauf und auf dem Querweg rechts zur Ruine.

Am Zugang stehen herrliche alte Buchen, und eine Tafel berichtet neben der Geschichte eindrucksvoll vom früheren Aussehen der Burg und ihrer Sanierung. Trotzdem sie im Jahr 1648, nach dem Dreißigjährigen Krieg, dem Verfall preisgegeben wurde, ist noch viel erhalten: der Palas, ein romanischer Wohnturm, der Bergfried, Wachturm, Vorratsspeicher und die Kemenate, einer der beheizbaren Wohn- und Arbeitsbereiche. Die Aussichtsplattform ist nur durch das „Burgmuseum Sulzberg" zugänglich. Es berichtet über die Geschichte des einstigen Schlosses, die bis ins Jahr 1176 zurückreicht. In Vitrinen, die sich gut ins alte Gemäuer einfügen, sind Funde und alte Inventarteile ausgestellt.

Falls Sie lieber schwimmen gehen: Der nahe Sulzberger See erwartet Sie am Südufer mit einem freien Badeplatz, am Nordufer mit Schwimmbad und Bootsverleih.

Kurzinfos

Verkehrsamt Sulzberg, Rathausplatz 4, 87477 Sulzberg, Tel. 08376/920119, Fax 920140, www.sulzberg.de, gaesteinformation@sulzberg.de.

Ca. 3/4 - 1 1/4 Std. Burgturm und Museum: Anf. Mai - Nov, So und Feiertage 13.30 - 16.30 Uhr (ausgenommen bei sehr schlechtem Wetter), übrige Burg frei zugänglich.

Ca. EUR: Erwachsene 1,50, Schüler ab 14 J. 0,50.

„Hirsch" gleich zu Beginn der Tour.

Bei der Kirche. Anfahrt über die A 7/A 980, Ausfahrt „Durach", dann nach Sulzberg ins Zentrum.

Linienbus 30 (Berchtold-Linie) von ZUM Kempten, Haltestelle Gasthaus „Rössle".

Sulzberger See.

Rottachsee (14), Landschaftspark Engelhalde (3), APC (4), Kinderstadtführung (1), Alpinmuseum (2).

Petersthal - Um den Rottachsee

Auch wenn Sie auf Ihrer vielleicht noch etwas älteren Karte den 4,8 km langen und fast 1 km breiten Rottachstausee zwischen Moosbach und Petersthal (ein Stück südöstlich von Kempten) nicht finden: Er existiert, hat sich schön in die Landschaft eingefügt und ist zu einem wahren Freizeitdorado geworden. Zum Segeln, Surfen, Bootfahren, Schwimmen und Spielen stehen drei Freizeitanlagen zur Verfügung; Absperrungen und Biotope für die Tierwelt sind tabu. Außerdem führt ein rund 16 km langer Rad- und Wanderweg rund um den See, den Sie abschnittsweise zwischen den Badeplätzen erwandern und auch mit dem Kinderwagen absolvieren können. Viel Spaß macht es, mit den Sprößlingen um den See zu radeln. Sie können beliebig an jedem der ausgeschilderten Parkplätze in den „See-Rundweg" einsteigen, der durchmarkiert und daher nicht zu verfehlen ist.

Wir starten bei der „Freizeitanlage Petersthal", fahren vom Parkplatz rechts hinab zum Bootshafen, über die Bachbrücke, links zum Badestrand und um die Sportplätze herum, dann geht es zwischen Hauptsee und dem Vorspeicher (nur Badesee) über einen Damm mit Brücke. Etwas bergauf-bergab, erreichen wir den Teil, der für jegliche menschliche Aktivitäten gesperrt ist und in dem sich - am besten mit Fernglas - Tiere beobachten lassen.

In einem Waldstück müssen wir bergan, es öffnet sich ein wunderschöner Blick über den See und aufs Hochgebirge. Das Schild zeigt links zurück in den Wald. Auf der anderen Seite rechts noch etwas am Rand entlang, steuern wir links durch Wiesen auf den wuchtigen Hochspannungsmast zu. Auf dem querlaufenden Teersträßchen sausen wir links hinab ins Tal.

Bei der Orientierungstafel am nördlichsten Punkt radeln wir links auf dem ungeteerten „See-Rundweg" weiter, erneut hinauf ins Wäldchen, dann geht es flott hinab in die Wiesen. Die scharfe Rechtskurve

Viel Abwechslung bietet der Rottachsee

schickt uns auf einem aussichtsreichen Weg wieder bergan, unter uralten Fichten hindurch. Vor dem Bachgraben müssen wir scharf links durchs Viehgatter und hinab zum See mit Flachwasserbereichen (Brut- und Laichgebiet). Etwas wellig geht es nun am Ufer dahin, später an einer Gabelung links am See weiter zu einem ausgedehnten idyllischen Badeplatz. Unser Weg führt direkt am Kiosk vorbei, am See entlang und über eine kleine Brücke. Am Parkplatz müssen wir hinaus zur Straße und links über den Staudamm.

An dessen Ende schickt uns der „See-Rundweg" hinauf zum Ausstellungsraum mit interessanten Daten über das Speicherbecken, an weiteren Biotopen vorbei und wieder hinab zum Wasser. Auch hier entwickeln sich Lebensräume für gefährdete Tiere und Pflanzen. Ein Stückchen neben der Straße mit Durchlässen für die Kröten einher, folgt der Weg wiederum dem See, steigt im Wäldchen nochmal etwas an, dann sind wir zurück und können spätestens jetzt zum verdienten Badevergnügen übergehen.

Kurzinfos

Rottachsee-Betriebsstelle, Tel. 08376/738.

See-Rundweg ca. 16 km. Juli-Sept Mo 17 Uhr Führungen zu den technischen Anlagen ab Ausstellungsraum, sonst Gruppen auf Anmeldung; Führungen und Dia-Vorträge zu den Biotopen nur auf Anmeldung: Tel. 0831/5243138.

In Petersthal; in den Freizeitanlagen SB-Kioske.

Wegweiser zu den Parkplätzen der Freizeitanlagen. Die Zufahrt zum „Rottachsee" ist weiträumig ausgeschildert.

Burgruine Sulzberg (13).

15

Immenstadt -
Museum Hofmühle

In moderner Konzeption zeigt sich die mit dem schwäbischen Museumspreis ausgezeichnete Hofmühle an der Immenstädter Ach. Im Jahr 1451 wurde sie erstmals erwähnt, doch stammt das Gebäude in seinen wesentlichen Teilen aus dem 18 Jh. ‹ber mehrere hundert Jahre war sie eine der leistungsfähigsten Mühlen in Schwaben, später schrieb die einst gräfliche Mühle als Stromerzeuger, Färberei und Lagergebäude Industriegeschichte.Seit 1990 dient sie als Museum.

Die Bandbreite der Ausstellung reicht von der mittelalterlichen Stadtgründung Immenstadts bis in das Computerzeitalter. Neben der Vermittlung von Wissen in Bild und Ton - besonders anschaulich für Kinder gestaltet - können die Besucher auch selbst Geschichte entdekken, so die Welt der Burgen und Ritter, den Salz- und Leinwandhandel, die Zeit des Zweiten Weltkrieges bis hin zu den „kaiserlichen" Damenstrümpfen, als die Firma Kunert von der einstigen persischen

Kaiserin Soraya die Erlaubnis bekam, die excellenten Feinstrümpfe mit ihrem Namen zu betiteln. Aus der Zeit des Hanfanbaus stammen die Textilmaschinen, die von Zeit zu Zeit vorgeführt werden und deren Produkte mehr als einhundert Jahre lang in die ganze Welt gingen. Außerdem werden alljährlich mehrere Sonderausstellungen präsentiert. Für die Erwachsenen finden auch Kleinkunstabende mit bekannten Künstlern statt.

Kurzinfos

Karte S. 43

Museum Hofmühle, An der Ach 14, Tel. 08323/3663 oder 914112, Fax 91428112, www.immenstadt.com/hofmuehle, m.kamp@immenstadt.de; Gästeamt Immenstadt, siehe Tour 16.

Mi-So 14-17 Uhr.

Ca. EUR: Erw. 2,-, Kinder 1,-, Familienkarte 5,-.

Parkhaus P 1 oder Parkplatz P 2 an der Streckenführung Kempten-Lindau-Isny, von dort durch die „Spitalstraße" bzw. entlang der Ach in wenigen Minuten zur Hofmühle.

Bahnhof Immenstadt. Vom Bahnhof rechts und gerade in die „Bräuhausstraße", links zum „Marienplatz" und gerade weiter, bis rechts die „Spitalstraße" abzweigt.

Siehe K.

Badeweg (16), Wasserskilift (17), Steigbachtobel (18), Rodelbahn (85).

Immenstadt - Badeweg zum Großen und Kleinen Alpsee

Eine Fülle von Möglichkeiten erschließt der Badeweg von Immenstadt zum Großen und Kleinen Alpsee. Sie können ihn mit dem Kinderwagen, dem Fahrrad oder als kleine Wanderung absolvieren, im Sommer die Badesachen und im Winter die Schlittschuhe mitnehmen.

Vom Bahnhof gehen wir am besten gleich hinüber zur Post, dort links weiter, queren die nächste Straße und biegen dann rechts ab in den „Badeweg" zum „Viehmarktplatz". Der Fest- und im Winter Natureislaufplatz, der auch als Parkplatz zur Verfügung steht, ist Toureinstieg für die Autofahrer. Am Ende des großen Platzes folgen wir dem Spazierweg ins Grüne. Gleich zu Beginn gibt es eine kurze Unterbrechung, denn ein Spielplatz liegt am Wege. Auf schmalem Asphaltband laufen wir neben der Bahn einher.

Hinter der Wiese taucht der Kleine Alpsee mit dem schönen Schwimmbad auf (zu dem Sie am Rechtsabzweig auch direkt hinüber gehen können). Wenig später müssen wir vorsichtig die Bahngleise queren und uns wieder an den Fußweg halten. Es geht kurz hinunter zur Ach, über die romantische Brücke und unter dem Schatten der Kastanien am Bach entlang nach Bühl zur Kreuzung mit zwei Gasthäusern. Falls den lieben Kleinen der Sinn nach Minigolf steht, machen Sie einen Abstecher links über die Brücke, rechts am Wasser entlang, dann links zum Platz.

Ansonsten spazieren wir gleich geradeaus zum Großen Alpsee. Am Kiosk hat sich ein Bootsverleih etabliert, bei dem Papa mit den Größeren eine Seerunde dreht, während Mama aufs Baby aufpaßt - oder umgekehrt. Anschließend beginnt ein schöner Fußweg direkt am Wasser, auf dem wir das Rad schieben und die Wasservögel beobachten, bis wir beim nächsten Kiosk den frei zugänglichen Badestrand erreichen. Ist kein Plätzchen mehr zu finden, bietet sich - geradeaus weiter - das Hauser-Strandbad an.

Auf gleichem Weg kehren wir zurück zur Kreuzung in Bühl, laufen oder radeln vor dem Gasthaus „Zur alten Schmiede" links die „Fischerstraße" leicht bergan, nehmen gleich nach den Bahngleisen rechts den Weg durch die Wiesen und erreichen, auf dem Sträßchen rechts, das schöne Schwimmbad am Kleinen Alpsee (Abenteuerspielplatz, Rutsche, Sprungturm, Babyplanschbecken, Sandkasten, ein beheiztes Becken, Kiosk mit Terrasse, Liegestuhl- und Sonnenschirmverleih).

Am Ende des Schwimmbadzaunes rechts abwärts, führt eine Holzbrücke über den Bach. Wir halten Ausschau nach Forellen, treffen auf den Herweg und kehren auf ihm zurück zum Parkplatz bzw. Bahnhof.

Kurzinfos

Karte S.43

Gästeamt Immenstadt, Marienplatz 3, 87509 Immenstadt, Tel. 08323/914176, Fax 914195, www.immenstadt.de, info@immenstadt.de

Parkplatz bis Großer Alpsee ca. 2 km, bis Hauserbad 2,6 km, bis Ponyhof 2,8 km, vom Bahnhof + 0,5 km (jeweils einfache Strecke), Rückwegsvariante etwa 100 m kürzer.

Ca. EUR: Hauserbad Erw. 2,30, Kinder 5-14 J. 1,30, Schwimmbad am Kleinen Alpsee Erw. 2,60, Kinder 6-18 J. 1,40, ab 16 Uhr Erw. 1,80, Kinder 1,-.

2 Gasthäuser und 2 Kioske am Großen Alpsee.

Parkplatz P 3 in Immenstadt, Abzweig „Viehmarktplatz" von der Straße nach Oberstaufen (B 308).

2 Schwimmbäder, 1 freier Badeplatz am Wege.

Wasserskilift (17), Museum Hofmühle (15), Bergbauernmuseum (11).

17

Immenstadt - Hofen -
Wasserskilift

„Wer's noch nicht probiert hat, verpaßt was!" - so der Slogan des Wasserskilifts bei Immenstadt. Und in der Tat reizt es auch die Anfänger, am Lift um den idyllischen See mit den zwei Inseln zu brausen. Beim ersten Start schaffen es die meisten nur bis zur Kurve - deswegen muß jeder schwimmen können - aber beim zweiten oder dritten Mal ist der Erfolg bereits garantiert. Wenn nicht, lohnt sich das Umsteigen aufs Wakeboard, mit dem es viel leichter gelingt, übers Wasser zu gleiten und das nach Aussage von Insidern noch mehr Spaß machen soll als die Wasserski. Könner dürfen dann auch über die Schanze springen.

Für die Kleinen wird lediglich beim Start etwas langsamer gefahren, dann geht es aber auch für sie mit 28 km/h um den See. Warten muß der Sportler schon mal, wenn sich die Entenfamilie am Startplatz tummelt, die Schwäne halten sich vornehm abseits der Liftstrecke. Die sollten auch die Schwimmer nicht kreuzen, wenn sie am Badeplatz Erfrischung suchen. Das Ufer fällt flach ab, so daß auch die Jüngsten plantschen können. Der See nebenan gehört ausnahmslos den Anglern.

Die Ausrüstung kann geliehen werden, oder man kauft, was das Herz begehrt, im Sportshop, einschliefllich der aktuellen Bademode. AlsEinkehr bietet sich das Insel-Café an, von dessen großem Freisitz aus man die Künste der Wassersportler beobachten kann.

Kurzinfos *Karte S.43*

Wasserskilift Allgäu, SESITEC von Lerchenfeld GmbH, Hofen 13, 87544 Blaichach, Tel. 08323/8176, www.wasserski-allgaeu.de, lift@sesitec.de

Mai-Sept tägl. 12 - 19 Uhr, Apr/Okt je nach Wetter; Do ab 19 Uhr Wakeboard-Spezial.

Ca. EUR: 5 Punkte 8,-, 45 Punkte 37,-, Mo-Fr 1 Std. Erw. 13,-/Jgdl. (bis 17 J., Ausweis) 10,-, 2 Std. Erw. 16,-/Jgdl. 13,-; Sa/So/Fei 1 Std. Erw. 16,-/Jgdl. 13,-, 2 Std. 18,-/Jgdl. 16,-; Tageskarte (12-19 Uhr) Erw. 26,-/Jgdl. 22,-; Wakeboard Spezial 13,-; Jahreskarten und Liftmiete auf Anfrage.

Insel-Café mit großem Freisitz am See.

Parkplatz beim Lift. In Immenstadt Richtung Blaichach, am Kreisel ausfahren „Wasserskilift“, dann links „Insel-Café“.

Im Inselsee.

Hofmühle (15), Steigbachtobel (18), Bergbauernmuseum (11).

18

Immenstadt - Tobelwanderung zur Alm

Selbst wenn Ihre Kleinen nicht bis zur Alm gehen wollen, lohnt es doch, mit ihnen wenigstens den spannenden Steigbachtobel am Südrand von Immenstadt zu entdecken.

Dazu spazieren wir vom Bahnhof mittels der nahen Fußgängerbrücke über die Gleise und bergan zum Friedhof, weiter aufwärts und geradeaus „Steigbachtobel". Der breite Weg steigt bereits stärker, dann führt links ein Pfad in den Tobel. Immer wieder rauschen Wasserfälle über die Verbauungsstufen, große bemooste Gesteinsbrocken liegen vor hohen Felswänden.

In den teilweise flachen Gumpen könnten alle Mann/Frau mit etwas Vorsicht ein wenig herumplanschen, doch das besser erst auf dem Rückweg. Manchmal müssen wir über Treppen und Holzstege, bis der Steig bei einem größeren Wasserfall endgültig die Schlucht verläßt.

Auf dem breiten Weg, der uns stets oberhalb begleitet hat, marschieren wir links weiter aufwärts und kommen zu einer kleinen Kapelle, bei der sich die Immenstädter anno 1632 gegen die Schweden verschanzt hatten.

Dahinter nehmen wir den rechten Weg „Alpe Mittelberg, Alpe Gund", an der nächsten Gabelung den linken. Unten beim Haus liegt ein kleiner Stausee. Nun wandern wir immer den Fahrweg bergwärts bis zur 1368 m hoch gelegenen Mittelberg-Alpe, auf der es frische Milch, Käse und kleine Brotzeiten gibt - und „Plüschohren-Kühe" zum „Anfassen".

Damit der Rückweg nicht langweilig wird, gehen wir gleich bei der Alm den Pfad durch die Senke hinüber zur sichtbaren Seifenmoosalp, dort rechts und gemütlich abwärts zur bekannten Gabelung und zur Kapelle. Wir halten uns rechts „Immenstadt, Steigbachtobel" und können nun abstimmen, ob wir nochmal den Tobelpfad nehmen oder auf dem breiten Weg hinunterlaufen wollen nach Immenstadt.

Kurzinfos *Karte S.43*

Gästeamt Immenstadt, siehe Tour 16.

Ca. 3 - 4 Std., nur Steigbachtobel ca. 1 Std.

Mittelberg-Alpe (etwa Mitte Mai bis Mitte Sept).

P Am Friedhof nur Sa/So; P 3 „Viehmarktplatz", Abzweig von der Straße nach Oberstaufen (B 308) beschildert. Zu Fuß zur Hauptstraße und links zum nahen Bahnhof (ca. 5-10 Min). Oder am ersten Parkplatz der Mittagschwebebahn (Zufahrt beschildert), Straße kurz zurück und links zum Friedhof.

Bahnhof Immenstadt.

Siehe K.

K Badeweg (16), Museum Hofmühle (15), Bergbauernmuseum (11).

Abenteuer am Fluss (Tour 19)

19

Blaichach - Bihlerdorf

Canadiertour, Canyoning, Schneeschuhwandern

„Der Fluß ist dein Freund, wenn du ihn lachen hörst" - dieser alten Indianerweisheit können Paddelbegeisterte in Begleitung ausgebildeter Guides während einer Kanu-Raftingtour auf der Iller nachspüren. Unterwegs werden am Lagerfeuer Würstchen gegrillt, dann genießt man im klassischen Indianer-Kanu wieder das sanfte Gleiten auf dem Wasser, beobachtet Tiere am und im Fluß. Erfahrene oder größere Kinder bzw. Erwachsene können daüber hinaus unter vielfältigen Wildwasserstrecken mit verschiedenen Schwierigkeitsgraden oder gleich eine Rafting-Tour wählen.

Ein wenig Adrenalin darf auch für den Nachwuchs sein. Dazu bietet sich das Programm „Canyoning Light" mit einer Einführung im Klettergarten an. Dieses Abenteuer fesselt Groß und Klein. Schwimmend, kraxelnd, springend, rutschend folgt man dem Bergbach in den Fels, bezwingt glattgeschliffenes Gestein und gischtende Wasserfälle oder seilt sich über schwierige Stellen ab - immer gut eingepackt in wärmendes Neopren, bestens gesichert und routiniert geführt.

Im Winter geht es bei Schneeschuhtouren durch die weiße Traumwelt. Vor hunderten von Jahren bereits von den Eskimos benutzt, scützt auch heute noch der Schneeschuh vor dem Einsinken in die weiße Pracht. Mag es am Anfang auch etwas ungewohnt sein, stapft man nach einigen Schritten bereits leichtfüßig durch den glitzernden Schnee und genießt die von Pistenwalzen unberührte Landschaft. Ideal für Einsteiger ist die Tour durch leichtes alpines Gelände. Sie läßt sich mit einer Hütteneinkehr kombinieren, und anschließend fährt man mit dem Rodelschlitten ins Tal. Gruppen dürfen beim „Eskimo-Weekend" zudem einen Iglu bauen und darin übernachten.

Wenn Sie das alles noch nie versucht haben - kein Problem: Die Top-Ausbilder von ICO-adventures bringen Ihnen die Grundkenntnisse bei, und mit geprüften Guides und Outdoor-Trainern dürfen Sie sich dann auf tolle Erlebnisse auf oder im Wasser, in Schnee und Eis, in Höhlen und Klettergärten, mit Mountainbikes und Inlineskates oder auf Skitouren freuen.

Weitere interessante Angebote, über die sich Lehrer und Familien-Oberhäupter informieren sollten, sind die „etwas anderen Klassenfahrten" mit Outdoor-Aktivitäten und Ökopädagogik, und für Familien, die ein intaktes Miteinander erreichen oder stärken wollen, das Abenteuer-Seminar „Familie im Takt".

Wie gut das Gesamtprogramm ist, zeigt eine besondere Auszeichnung: Das ICO-Team erhielt den Bayerischen Innovationspreis 2004 – und darauf ist man zu Recht stolz.

Kurzinfos

ICO GmbH, Im Wasen 16, 87544 Blaichach, Tel. 08321/87033, Fax 68951, www.I-C-O.de, I-C-O@t-online.de

Vorherige Terminvereinbarung. Sommersaison 15. Apr - 30. Okt, Wintersaison 1. Dez - 15. Apr.

Ca. EUR: Erw. Kanu-Rafting ab 35,-, Light-Canyoning ab 49,-, Schneeschuhtour ab 29,-, Kinder bis 12 Jahre jeweils 25% Ermäßigung mit Erwachsenenbegleitung.

Wegen Verpflegung unterwegs nachfragen.

Beim ICO-Center. Von der B 19 Ausfahrt Sonthofen-Nord nach Blaichach-Bihlerdorf, ICO-Wegweisern folgen, vor dem Autohaus rechts.

Bahnhof Sonthofen, mit Buslinie Sonthofen-Immenstadt zur Haltestelle „Gasthaus Marienbrücke"

MO-Lok Sonthofen (20), Heimathaus Sonthofen (21).

20

Sonthofen - MO-Lok Modelleisenbahnschau

Zugegeben: Billig ist der Spaß nicht, aber echten Eisenbahnfans wird auch etwas geboten. So glänzen nicht nur die Kinderaugen, sondern auch die Linsen der Fotoapparate und Videokameras, mit denen nicht minder begeisterte Väter die großen und kleinen Züge auf den Film bannen.

Vor dem Eingang ist die Achse einer Schmalspurlokomotive zu sehen. 400 qm umfaßt die im Erdgeschoß und ersten Stock in mehreren Etagen aufgebaute Landschaft, durch die sich bis zu 40 Züge auf drei computergesteuerten Anlagen bewegen, darunter ein großer und ein kleiner ICE.

Die Lehmann Spur-II-m-Großbahn weist ca. 400 m Schienenlänge auf, die Märklin Spur-I-Großbahn etwa 500 m und die Spur-HO-Anlage ca. 150 m. Darüber hinaus sind in einer Glasvitrine noch wunderschöne alte Dampf- und Elektroloks, eine Dampfmaschine und Automodelle ausgestellt.

Kurzinfos

MO-Lok Modelleisenbahnschau, 87527 Sonthofen, Tel. 08321/ 22180.

Tägl. 10-18 Uhr. Von Mo bis Do nach Fronleichnam, Mitte Nov bis 1. Weihnachtsfeiertag sowie Neujahr geschlossen, etwa Mitte Jan bis Karfreitag und Ende Sept-Nov Sa Ruhetag

Ca. EUR: Erw. 7,50, Kinder ab 4 J. 4,-, Jugendl. ab 14 J. 5,50.

Caféteria im Haus.

Vor der Anlage. Von der B 19 Ausfahrt „Sonthofen, Reutte, Füssen", Richtung „Stadtmitte", an der Ampel Richtung „Burgberg". Gleich nach der Bachbrücke links zur MO-Lok.

Bushaltestelle „Burgberg-Starzlachweg" direkt gegenüber.

Erlebnisbad „Wonnemar" in Sonthofen (siehe Tour 22); Freibad in Burgberg, bei der Kirche Richtung „Blaichach".

Heimathaus (21), Starzlachklamm (22), Wasserwirtschaftlicher Lehrwanderweg (23), Canadiertouren, Canyoning, Schneeschuhwandern (19), Eisstadion (81), Rodelbahnen (83, 84).

21

Sonthofen - Heimathaus

Als eines der reizvollsten Heimatmuseen in Bayern gilt das Heimathaus in Sonthofen. In seinem Kern ist es ein altes, aus Balken zusammengefügtes Allgäuer Bauernhaus des 18. Jhs. geblieben. Durch einfühlsamen Anbau und Unterkellerung wurde es auf rund 600 qm Ausstellungsfläche vergrößert und hat somit Platz für Sonderausstellungen und Veranstaltungen gewonnen.

Ein Rundgang erschließt die Geschichte des Oberallgäus, die Geologie, das Wohnen und Leben der Bevölkerung. Die Stuben stehen da, als wären Sie noch gar nicht so lange verlassen, sei es die Küche, die Musik- und Austragsstube, oder der „Gaden" (= Schlafzimmer), in dem nicht nur geschlafen wurde, sondern in dem man auch alles Wertvolle aufbewahrte, wie Geld, Schmuck, Wäsche oder die Hausapotheke.

Im neuen Teil des Heimathauses erleben die Kinder die Entwicklung der Allgäuer Landschaft vom einstmals blauen (Flachsanbau) zum grünen

Allgäu (Viehwirtschaft). Geräte zur Flachsbearbeitung sind zu sehen, eine Alpsennerei und teils seltene Kuhglocken. Interessant sind auch die Nagelschmiede sowie die Darstellungen über den Erzabbau am Grünten. Im Winter wird Ihr Nachwuchs besonders die Skisammlung begutachten. Zur Weihnachtszeit empfiehlt sich der Besuch im Heimathaus zusätzlich, denn hier steht mit der Mummener Krippe die größte Krippe des Allgäus.

Kurzinfos

Heimathaus Sonthofen, Sonnenstr. 1, Tel. 08321/3300; Gästeamt Sonthofen (siehe Tour 22).

Dez-Okt Di-Do und Sa/So 15-18 Uhr, Feiertage vorher anfragen

Ca. EUR: Erw. 2,-, Kinder 7-18 J. 1,-.

Parkplätze (gebührenpfl.) in der Umgebung.

Baden siehe Tour 22.

Vom Bahnhof ca. 10 Min. zu Fuß (ab Kirche beschildert).

Wasserwirtschaftlicher Lehrwanderweg (23), MO-Lok (20), Starzlachklamm (22), Canadiertouren, Canyoning, Schneeschuhwandern (19), Eisstadion (81), Rodelbahn (83, 84).

22

Sonthofen-Winkel - Starzlachklamm und Alpe Topfen

Die Starzlachklamm bei Burgberg (nördlich von Sonthofen) ist einen Besuch wert, zumal Kinder solche wilden Felseinschnitte immer als Abenteuer empfinden. Natürlicher Schöpfer ist die Starzlach, die zwischen dem Wertacher Hörnle und dem Grünten entspringt und auf ihrem Weg zur Ostrach kesselförmige Wassermühlen, hohe Felswände und Wasserfälle geschaffen hat. Die Klamm ist eine Nummulitenfelsklamm (Nummus = Münze), so benannt nach münzenförmigen Tierresten mit Kalkschalen, die bei der Alpenbildung vor etwa 30 Mio. Jahren im Meeresschlamm verschwanden. Die seltene versteinerte Krabbe „Xanthopsis Sonthofenensis" stammt aus der Starzlachklamm, die erst 1932 für Besucher erschlossen wurde. Ein fester Wanderschuh und evtl. eine Jacke sind angebracht.

Auf den Koppeln am Parkplatz grast zum Entzücken unserer Sprößlinge eine ganze Menagerie: Pferde, Kühe, Lamas, Ziegen und Esel. Nachdem wir die Tiere ausgiebig beobachtet haben, passieren wir die Brücke und halten uns an die Wegweiser „Starzlachklamm". Es kommt eine Stelle, an der die Kinder ans Wasser können, dann wachsen die ersten hohen Felswände in den Himmel. Über Treppen erreichen wir beim „Klammwirt" am Wasserfall den Eingang zur eigentlichen Klamm. Steige und Brücken leiten uns sicher über dem rauschenden Wasser, das weiterhin kräftig an dem eindrucksvollen Stück Natur arbeitet. Ein Wasserfall zwängt sich durch einen engen Felsenriß und wir uns ebenfalls, bevor an einer großen Holzbrücke das Klammende erreicht ist.

Nun bietet sich eine interessante Wanderrunde an: Links vom Bach weiter „Gasthof Alpenblick, Alpe Topfen", teils über Treppen steiler bergauf und zwischen wilden Felsen hindurch, kommen wir zu einem Felsüberhang, an dem (meist am Wochenende) Kletterer zu beobachten sind. Bald danach erreichen wir das Freie, über uns steht der hohe Sendemast auf dem Grünten. Den Querweg rechts, machen wir einen kurzen Abstecher zur Alpe Topfen, bei der es neben Kühen einen Hund, frische Milch und Bergkäse und für die tapferen kleinen Wanderer auch Eis gibt.

Falls Ihre Kinder nochmals zu den Kletterern oder durch die Klamm wollen, erübrigt sich folgende Rückwegvariante: Wir gehen den Weg zurück, an der Wiese zum nahen Gasthof „Alpenblick", der mit hausgebackenen Kuchen und köstlichen Eisbechern lockt. Dort die Straße abwärts, dann links „Parkplatz Winkel" in den Wald, nochmal etwas bergauf, durch Viehweiden abwärts und durchs nächste Waldstück in kurzen steilen Kehren hinunter ins Bachtal und zum Parkplatz.

Kurzinfos

Gästeamt Sonthofen, Rathausplatz 1, 87527 Sonthofen, Tel. 08321/615291, Fax 615293, www.sonthofen.de, gaesteinfo@sonthofen.de

Klamm je nach Wetter 1. Mai - 1. Nov tägl. 9-19 Uhr. Alpe Topfen Ende Mai - Mitte September, oft auch noch Oktober oder bei entsprechender Witterung auch Anfang Mai. Durch die Klamm ca. 1/2 bis 3/4 Std., Gesamtwanderung über Alpe Topfen ca. 1 1/2 - 2 Std.

Ca. EUR: Erw. 1,50, Kinder 4-15 J. 1,30.

Gasthaus „Klammwirt", Alpe Topfen, Gasthaus „Alpenblick" (Mo Ruhetag).

In Winkel an der Starzlach (gebührenpfl.). Anfahrt über Sonthofen-Stadtmitte (Straße Reutte-Hindelang), Abzweig „Berghofen, Winkel, Starzlachklamm" (weiße Schilder) nach Winkel.

Stadtbus Sonthofen (Linie 2 vom Bahnhof) nach Winkel oder Sammeltaxi (Tel. 08321/5095).

Erlebnisbad „Wonnemar" in Sonthofen (über den Altstadtring Richtung „Altstädten", mit Badesymbol beschildert) oder Schildern „Wonnemar" folgen. Dieses wenige Jahre alte Bad mit Kinder- und Saunawelt und Wellness konnte lediglich aus Platzgründen im Anhang unter „Freizeit und Erlebnisbäder" keine Aufnahme finden (Okt-Apr tägl. 10-22 Uhr, Mai-Sept 10-21 Uhr, www.wonnemar.de. Schwimmbad in Burgberg (bei der Kirche Richtung „Blaichach").

MO-Lok, Modelleisenbahnschau (20), Heimathaus Sonthofen (21), Ponyreiten (37).

Schöner "Spielplatz" vor dem Eingang zur Starzlachklamm>>

Sonthofen - Wasserwirtschaftlicher Lehrwanderweg Iller

Den interessanten Lehrwanderweg auf dem Illerdamm zwischen Fischen und Sonthofen zu Fuß zu erkunden, dürfte für Kinder recht langweilig werden. Viel mehr Spaß macht es mit dem Fahrrad, und bei entsprechendem Wetter lohnt es auch, die Badesachen mitzunehmen. So weit Sie möchten, läßt sich der rund 5 km lange Weg (einfache Strecke) auch mit dem Kinderwagen abgehen, wobei Sie entweder in Sonthofen (vom Schwimmbadparkplatz über die Bachbrücke und geradeaus zum Illerdamm, dort links) oder in Fischen-Bahnhof starten können.

Gleich zu Beginn des Parkplatzes beim „Wonnemar" geleitet uns zwischen Bahnlinie und Bad ein für Kfz gesperrtes Sträßchen hinaus ins weite Tal, in dem wir lange den prächtigen Anblick der wildgezackten Oberstdorfer Berge vor uns haben. An der Kreuzung geradeaus und neben einem Bachgraben her, schwenken wir rechts ins Sträßchen ein, nun direkt auf das Einzelanwesen zu. Wir kommen zur Iller (hier können die Kinder zum ersten Mal ans Wasser), gehen geradeaus über die schmale Brücke, schieben das Rad über den kleinen Buckel und fahren Richtung „Fischen" wieder auf breitem Weg immer am schattigen Ufer entlang. Zwei Bachbrücken kurz hintereinander schaffen etwas Abwechslung, später fahren wir geradeaus unter der Bahnbrücke durch und kommen zur Straßenbrücke bei Fischen.

Hier könnte man auf der anderen Uferseite gleich zurückradeln, doch wir haben Besseres vor. Wir steuern rechts und links ins schlängelige, autofreie Sträßchen, entdecken linker Hand den Minigolfplatz (mit Kiosk), rechts bei den beiden Brücken den Spielplatz und können - nach der Gleisquerung links - zum Bahnhof radeln. Dann geht es zurück bzw. für Toureinsteiger in Fischen auf die Strecke: Vom Bahnhof über die Bachbrücke, gleich rechts über die Gleise und beide Brücken, danach links „Radfahrer Sonthofen-Oberstdorf", auf der Straße rechts, über die Illerbrücke und links auf den „Wasserwirtschaftlichen Lehrwanderweg", der großenteils schattig, später etwas sonniger verläuft.

Wir halten uns an den breiten Weg am Ufer und radeln nun von einer interessanten Tafel zur anderen, wobei wir viel Wissenswertes rund um die Iller, über wasserbauliche Maßnahmen, Geologie und Trinkwasserversorgung, Pflanzen und Tiere am und im Fluß erfahren.

An der Kreuzung mit der bekannten Brücke bleiben wir geradeaus und entdecken kurz darauf ein Geländer, von dem wir ins dahinter liegende Biotop schauen können. Mit einem Fernglas sind die Tiere, vor allem die Mauerbrüter, besser zu beobachten. Es geht über den Mühlbach und auf dem Damm weiter zur Tafel „Gewässergüte der Flüsse". Hier dürfen zumindest die Kinder Schuhe und Strümpfe ausziehen und im flachen Mühlbach oder der nahen Iller herumwaten. Die Ordensburg von Sonthofen taucht auf, der Grünten steht frei vor uns, und wir sehen bereits die Sportanlagen von Sonthofen. Gleich nach dem Gehöft radeln wir rechts hinab vom Damm und zwischen den Sportplätzen hindurch zum Schwimmbad und Parkplatz. (Wer in Fischen begonnen hat, fährt am Parkplatzende rechts ins zu Anfang beschriebene Sträßchen).

Kurzinfos

i Gästeamt Sonthofen, siehe Tour 22; Kurverwaltung Fischen, siehe Tour 27.

Gesamtrunde bis Fischen Illerbrücke ca. 13 km, bis Fischen Bahnhof ca. 15 km.

In Sonthofen und Fischen.

P In Sonthofen am Erlebnisbad „Wonnemar". Zufahrt über den Altstadtring in Richtung Altstädten, beschildert mit Stadion- und Freibadsymbol, oder Schildern „Wonnemar" folgen. In Fischen Richtung „Schöllang", am Ortsausgang nach der Bahn links Parkplätze.

Bahnfahrer starten am besten vom Bahnhof Fischen aus.

Erlebnisbad „Wonnemar" in Sonthofen am Tourbeginn.

K Obermühle (28), Heimathaus (21), MO-Lok (20).

Bad Hindelang-Hinterstein -

Kutschenmuseum, Wasserfall, Familienwanderweg „Wandern und Spielen"

Das langgestreckte Dorf Hinterstein im Ostrachtal (südöstlich von Hindelang) bietet drei Möglichkeiten für einen abwechslungsreichen Tag: Einen Spaziergang zum hohen Wasserfall, der über den Zipfelschrofen hinter der Kirche herabstürzt, den Besuch des geheimnisvollen Kutschenmuseums oder eines Spielplatzes am Familienwanderweg. Dieser mit Symbolen „Wandern und Spielen" ausgeschilderte Rundweg erschließt mit seinen 13 Kilometern und 8 Spielstationen übrigens ein weiteres Betätigungsfeld, das von Vorderhindelang bis nach Hinterstein reicht. Er verläuft teilweise an den Ufern der Ostrach (schattig, kinderwagen- und radelgeeignet) oder hügelig (sonnig) an den Hängen des Ostrachtales. Sie können den ganzen Weg spielerisch erwandern oder nur Teilstücke.

Zum Wasserfall, den man von einer Brücke aus ganz nah bewundern und der in trockenen Sommern auch etwas dürftiger ausfallen kann, führt ein Steig hinter der Kirche hinauf, ein weiterer vom Parkplatz bzw. von der Busendhaltestelle beim Gasthof „Grüner Hut".

Der Kurzweg zum Kutschenmuseum beginnt bei diesem Gasthof, läuft bei der Kapelle links etwas bergab, dann zeigt das Schild „Kutschenmuseum" rechts. Nach dem Viehgatter geht es rechts, über die Brücke und wieder rechts zum Museum. Wir haben eine hübsche, kinderwagengeeignete Rundwanderung daraus gemacht (auch mit dem Kinderrad möglich), die ebenfalls am Dorfplatz vor dem „Grünen Hut" beginnt. Am Kirchlein rechts vorbei, bewundern wir ein altes Bauernhaus, laufen hinab in die Wiesen, geradeaus weiter und finden am Bach einen schönen Spielplatz aus dem Familienwanderweg mit allerlei Geräten und der abenteuerlichen Hängebrücke.

Lebensechte Figuren im Kutschenmuseum

Nach links schließen sich mehrere Fischteiche an, zwischen denen wir rechts hindurchspazieren und auf der Insel eine Ente beim Brüten entdecken. Ein klarer Bach, in dem Wasserpflanzen zu sehen sind, begleitet uns zu einer Brücke, an der wir noch vorbei gehen. Erst die nächste wird überquert (Schild „Kutschenmuseum").

Für den „Kinderwagenchauffeur" heißt es nun kräftig schieben, denn es geht ein kurzes Stück bergauf, dann erhöht über dem Bach entlang, herrlich auf die Felsengipfel zu. Im Juli ist die Wiese übersät mit dunkellila blühender Akelei (geschützt) und einer Fülle von anderen Sommerblumen, außerdem haben wir den großen Wasserfall im Blickfeld.

Wir kommen in ein Waldstück, die nächste Brücke führt über ein wildes Bachbett. Hier läßt sich recht augenfällig die Kraft des Wassers erklären. Es beginnen Wiesen, in denen ein unscheinbarer Schuppen liegt: das Kutschenmuseum.

Klangkörper geleiten uns ins mystische Reich, in der leise Meditationsmusik erklingt und in dem nicht gesprochen werden soll, um die eigentümliche Atmosphäre auf sich wirken lassen. Auf 140 qm entstand eine Märchenwelt in tief verschneiter Allgäuer Landschaft. Bei den natürlich wirkenden, in Pelze gehüllten Schaufensterpuppen und der aufwendigen Dekoration wird der Blick fast abgelenkt von der Hauptsache, den 16 Kutschen. Die ausgestopften Tiere - auch das Pferd, der schwarze Wolf und der große Hirsch - waren einst lebendig. Mag es auch ein wenig kitschig sein, ist es doch ein ganz eigenartiges Erlebnis: ein unwirkliches Märchenland - nicht nur für Kinder.

Im Gartenpavillon lesen wir noch den Zeitungsausschnitt über die Entstehung des wohl ungewöhnlichsten Privatmuseums in Bayern. Dann machen wir uns wieder auf den Weg. Er bringt uns zur Ostrachbrücke, wir gehen hinüber, gerade durch die Wiesen, bei den Holzhütten links durchs Gatter und auf der Dorfstraße links zu Kapelle und Parkplatz.

Kurzinfos

Kurverwaltung Bad Hindelang, Am Bauernmarkt 1, 87541 Bad Hindelang, Tel. 08324/8920, Fax 8055, www.hindelang.net, info@hindelang.net.

Kutschenmuseum tägl. 8-20 Uhr. Rundwanderung ca. 1 - 1 1/2 Std., Kurzweg ca. 20-30 Min.; zum großen Wasserfall vom „Grünen Hut" ca. 15-20 Min., von der Kirche ca. 10 Min.

Spenden zum Unterhalt erwünscht.

Parkplatz (gebührenpfl.) am Ende von Hinterstein, oberhalb vom Dorfplatz, bei der Kapelle links.

Linienbus vom Busbahnhof in Hindelang, Endhaltestelle „Grüner Hut".

Schwimmbad in Hindelang, nahe der Talstation der Hornbahn.

Alpe Kematsried (25), Rodelbahn (84), Eisstadion (81).

Bad Hindelang-Oberjoch -
Sennerei
Alpe Kematsried

In Oberjoch, einem Ortsteil von Hindelang, wollen wir die Alpe Kematsried besuchen, Deutschlands höchstgelegenen Bauernhof mit Alpsennerei, der nach dem Prinzip der Direktvermarktung arbeitet. In der nahen Umgebung fressen die Kühe das gesunde Berggras und werden in einem modernen Melkstand gemolken. Die Milch wandert in den Kupferkessel und wird zu Käse und anderen Milchprodukten verarbeitet. Das Ergebnis können Sie im hauseigenen Laden kaufen oder auch an Ort und Stelle im kleinen Stüberl bzw. bei schönem Wetter an den Tischen vor der Sennerei verzehren.

Im alten Haus hat eine Gaststätte Einzug gehalten, in der auch Fleisch und hausgemachte Wurst aus artgerechter Tierhaltung auf den Teller kommen (ebenfalls im Laden zu kaufen). Im nahen Haflingerhof dürfen die Kinder schon mal die Pferde im Stall besuchen oder auf der Koppel bewundern.

Von einem der Parkplätze in Oberjoch gehen Sie am besten zu Fuß zur Alpe Kematsried, die von der Kreuzung am Abzweig ins Tannheimer Tal (bergan „Oberes Dorf", dann rechts den Weg mit Sperrschild zur bereits sichtbaren Alp) in wenigen Minuten zu erreichen ist.

Im Laden ermöglicht eine große Panoramascheibe den Blick in die Käserei, und man kann sich erklären lassen, was dort gerade geschieht. Beste Zeit zum Zuschauen ist etwa von 9 - 9.30 Uhr. Wem das nicht reicht, der sollte sich zum Käseseminar anmelden, das sich über einen ganzen Vormittag hinzieht und bei dem man die Köstlichkeiten selber herstellen darf. Nach der Reifezeit wird der Käse abgeholt oder per Post zugeschickt, es sei denn, man hat entsprechende Räumlichkeiten, in denen das Produkt seiner Vollendung entgegengehen kann. Da die Arbeit etwas Geduld erfordert, sollten Kinder möglichst älter als acht Jahre sein.

Kurzinfos

Alpe Kematsried, Ornachstr. 33, 87541 Bad Hindelang-Oberjoch, Tel. 08324/7698, Fax 7160, www.haflingerhof.de, haflingerfhof@vr-web.de.

Sennerei ca. Mitte Mai - Mitte Sept, beste Zeit etwa 9-9.30 Uhr; Laden Mo-So 9-17 Uhr, Anfang Nov bis Weihnachten und etwa 4 Wochen nach den Osterferien geschlossen.

Ca. EUR: Käseseminar Erw. 8,-, Kinder 6,- plus Materialkosten, wenn Käse mitgenommen wird (Anmeldung!).

Brotzeitstüberl mit Terrasse, Gasthaus nebenan.

Parkplatz 1 oder 2 (gebührenpfl.) in Oberjoch oder am Haus.

VG-Buslinien Hindelang-Tannheimer Tal oder Hindelang-Oy, Haltestelle „Oberjoch" am P 1.

Kleines Moorbad mit einem richtigen „Matschbecken" hinter der „Moorhütte" am P 2. Baden wird auf Anfrage im Gasthaus auf eigene Gefahr erlaubt. Auf dem „Moorringweg" (Moorlehrpfad), der am P 1 als Pfad zwischen Parkplatz und Häusern beginnt, in ca. 10 Min. zu erreichen.

26

Jungholz - Kleine oder große Almwanderung mit Gipfel

Das Zentrum der Tiroler Enklave Jungholz ist Startpunkt für eine hübsche Wanderung mit Variationen, zu der Sie größere oder kleinere Kinder mitnehmen können.
Vom Parkplatz zurück zur Kirche, laufen wir die Straße links abwärts, vor dem Hotel „Jagdhof" rechts „Gießenschwand", dann ein Schild „Reuter Wanne". Es geht ins Freie und bergan auf den aussichtsreichen Höhenweg, dem die Kurzwanderer beim Sendemast geradeaus folgen

nach Langenschwand, zur Jausenstation „Kamelstüble" mit Spielplatz, Ziegen, Lamas, Esel, Pferd und Dromedar (zurück wie Tourschluss).

Mit lauffreudigen Kindern halten wir uns beim Mast links „Obere und Untere Reuterwannen-Alpe". Wir queren den Bach, müssen nach der Wiese im Wald bergan, am großen Platz mit Bank geradeaus, leicht bergab und über eine breite Bachbrücke, an der Gabelung rechts aufwärts. (Auf dem linken Weg ist man in etwa 10 Minuten bei der Brotzeit auf der Unteren Reuterwannen-Alpe und geht auf gleichem Weg zurück oder noch über Höhenweg nach Langenschwand).

Beim nächsten Abzweig rechts „Reuter Wanne, Jungholz", gelangen wir auf steiler ansteigendem Weg zur Oberen Reuterwannen-Alpe. Dort wartet nach links über ein Steiglein im Grashang das Gipfelkreuz der Reuter Wanne, von dem wir zurückkehren zur Alpe. Oder wir gehen gleich geradeaus übers kleine Joch, Richtung „Alpe Stubenthal". Beim nächsten Schild können wir auch rechts den Steig nehmen, der ebenfalls hinab zur gastlichen Alpe führt.

Von dort marschieren wir den geteerten Fahrweg abwärts ins Tal, unten im Rechtsbogen nach Langenschwand, ebenfalls zum „Kamelstüble", und weiter, bis ein Schild links den „Fußweg nach Jungholz" weist. Es geht hinterm Bach rechts abwärts, nach dem Abzweig zur „Schrofenhütte" links vom Bach weiter das Tal hinunter, wo wir beim „Sporthotel Adler" wieder am Parkplatz sind.

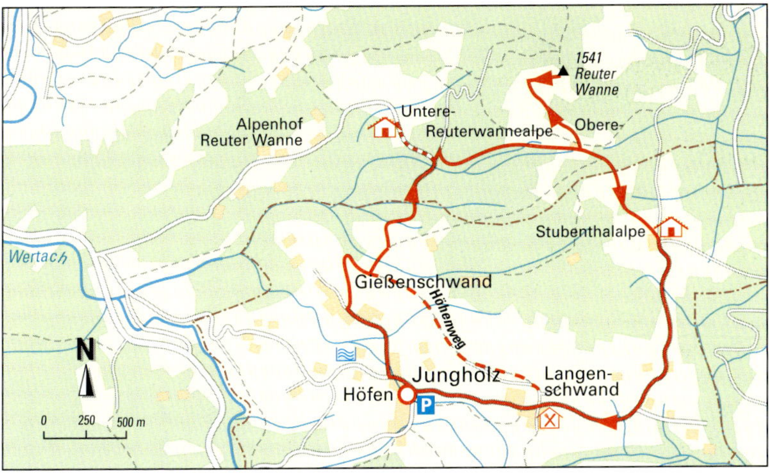

Kurzinfos

Karte S.63

Tourismusverband Jungholz, Im Gemeindehaus, A-6691 Jungholz, Tel. 0043/5676/8120, Fax 8287, www.tiscover.at/jungholz, info@jungholz.com

Gehzeiten: Runde über Höhenweg ca. 1 – 1,5 Std.; nur Untere Reuterwannenalpe 1,5 – 2 Std., über Höhenweg zurück + 0,5 Std.; Runde Obere Reuterwannen-Alpe – Stubenthalalpe 3 – 4 Std., mit Gipfel + 0,5 – 1 Std.

Untere Reuterwannen-Alpe, Stubenthalalpe, in Langenschwand (Kamelstüble Di Ruhetag) und Jungholz.

Parkplatz im Zentrum, bei der Kirche rechts.

VGA-Linie auf der Strecke Oberjoch – Oy.

Beheiztes Felsen-Freischwimmbad in Jungholz.

27

Tannheimer Tal -
Zum und um den Vilsalpsee

Der von steilen, hohen Bergen umschlossene Vilsalpsee südlich von Tannheim ist ein wahres Kleinod und zählt zu den „Natura 2000-Gebieten", einem europaweiten Netzwerk, das bedeutende Schutzgebiete mit bedrohten Tier- und Pflanzenarten umfasst.

Das Sträßchen dorthin ist für den allgemeinen Verkehr gesperrt, und so fahren wir vom Parkplatz 1 mit dem „Alpenexpress", einem lustigen Zug auf Rädern mit bunten, offenen Wagen, oder mit dem Pendelbus durchs hübsche Tal zum See, den wir umrunden wollen. Links herum führt ein breiter Fahrweg, rechts herum ein Fußweg am glasklaren Wasser zum Südende, wo sich der kurze Abstecher zur im Sommer bewirtschafteten Vilsalpe anbietet. Dahinter im Talboden, in dem die Rinder grasen, noch etwa eine Viertelstunde weiter, erreicht man einen hübschen Wasserfall. Sind die Kinder noch nicht müde, kann man vom See auch auf dem Sträßchen oder einem der Wanderwege das Tal hinauslaufen nach Tannheim – verirren unmöglich, alle Wege führen in den Ort und sind in etwa gleich lang.

Kurzinfos

Tourismusverband, A-6675 Tannheim, Tel. 0043/5675/62200, Fax 6649, www.tannheimertal.com, info@tannheim.com.

Gehzeit Tannheim – Vilsalpsee ca. 1 – 1,5 Std., um den See 1 – 1,25 Std.; Alpenexpress von Tannheim ab 10.30 Uhr im Halbstundentakt.

Gasthäuser am See, Vilsalpe (etwa Mai – Sept/Okt).

Parkplatz 1 in Tannheim.

VG-Buslinie Hindelang-Tannheimer Tal, Haltestelle am P 1.

Freibadeanlage mit schöner Bergkulisse am Ende des Ortes Haldensee, direkt am Haldensee (Warmbecken, Kinderbecken, Rutsche, Zugang zu Bach und See, Strandcafé).

28

Fischen - Obermühle

Jeden Freitag wird gesägt - und nicht nur die Kinder sind begeistert! Manche kommen sogar öfter her, um die Obermühle, die bereits im 17. Jh. als Sägemühle nachgewiesen ist und deren Besitzer sich bis ins Jahr 1508 zurückverfolgen lassen, in Betrieb zu sehen. Sie wurde aufwendig restauriert und1985 ihrer Bestimmung als Zeugnis Fischinger Handwerkskunst übergeben. Inzwischen wurde sie längst zur Touristenattraktion.

Zunächst erklärt „Säger Hans" das alte Mühlrad im Freien, in dem alle heimischen Holzarten verarbeitet sind, desweiteren das Wissen früherer Generationen, zu welcher Jahreszeit, nach Mondstand und Sternkreiszeichen das beste Holz gefällt wurde bzw. daß es nur ein paar Tage im Jahr gibt, an denen man eine Quelle schlagen kann. Die Demonstration, wie aus einem Stamm eine Wasserleitung entstand, oder das Schneiden von Schindeln ist ebenso sehenswert wie die Baumscheibe, an der abzulesen ist, welche guten und schlechten Jahre der Baum hatte und wie er nach der Sonnenseite wuchs.

Anschließend geht es ins Innere des Holzhauses, in dem der Antrieb der Säge erklärt wird. Im Obergeschoß, wo Sägeblätter und Baumstämme auf ihre Bestimmung warten, wird's dann richtig spannend. Nach einem Verständigungsruf „Host gut g'schmiert?" - „Jo, i hob ois g'schmiert!" wird der Wasserschieber geöffnet, das Mühlrad beginnt die Transmission anzutreiben, und dann wird gesägt - solange das Wasser reicht!

Kurzinfos

Kurverwaltung Fischen, Am Anger 15, 87538 Fischen, Tel. 08326/36460, Fax 364656, www.fischen.de, info@fischen.de.

Frühling, Sommer, Herbst jeden Fr 17.30-18.30 Uhr.

Spenden zum Unterhalt erbeten.

Parken in der „Mühlenstraße". Beim Abzweig „Fiskina" zum P 3 und Sträßchen entlang bis zum Schild „Sägemühle".

Vom Bahnhof zum Kurhaus „Fiskina", links daran vorbei und die Straße „Am Anger" links zur B 19, vorsichtig queren und beim P 3 gerade in die „Mühlenstraße". VG-Linienbushaltestellen an der Ampelkreuzung der B 19. Die „Ornachstraße" abwärts und rechts „Am Anger" weiter wie oben (jeweils ca. 10 Min.).

Familienbad südlich von Fischen beim Sportpark an der B 19.

Wasserwirtschaftlicher Lehrwanderweg (23).

"Säger Hans" erklärt das alte Mühlrad

29

Oberstdorf -
Ponyhof Boxler

Von Pferden lassen sich Kinder immer begeistern, und so gibt es auch in Oberstdorf eine Möglichkeit, auf dem Ponyrücken das Glück der Erde zu suchen oder die Tiere zu streicheln. Die Reitrunden führen um ein begrüntes Gelände, in dem ein paar kleine Teiche angelegt sind für Forellen, Enten, Puter und Gänse. Pünktlich um 14 Uhr, sobald die Ponys aus dem Stall kommen, werden auch die künftigen Weihnachtsbraten ins Freie gelassen. Ein paar Ziegen sind ebenfalls vorhanden. Unter dem alten Ahornbaum stehen Tische und Bänke für Erfrischungen aus dem Kiosk. Der Rundweg läßt sich auch mit dem Kinderwagen absolvieren.

Wenn Sie von der B 19 nach Oberstdorf kommen, fahren Sie ab dem Kreisel Richtung „Nebelhornbahn". Nach der Friedhofsmauer folgt eine S-Kurve, und es geht links über die Brücke „Am Dummelsmoos" in die

„Plattenbichelstraße". Geradeaus in die Sackstraße, folgen Sie dem Rechtsbogen, dann links dem Schild „Ponyhof" über den schmalen Weg durch die Wiesen hinauf zum Hof.

Vom Oberstdorfer Bahnhof werden Sie bis zum Ponyhof zu Fuß etwa 1/2 Stunde brauchen: Bei Sparkasse und Drogeriemarkt die Straße auf der Ostseite des Bahnhofs entlang, dann Richtung „Krankenhaus" und geradeaus durch die „Gerberstraße", die „Trettachstraße" links, geradeaus über die Brücke ins Dummelsmoos und weiter wie die Autofahrer.

Mit den Pferdestellwagen der Familie Boxler können Sie auch ab der Haltestelle am Marktplatz (Mégève-Platz) im Zentrum von Oberstdorf einen Ausflug in die autofreien Täler von Oberstdorf unternehmen, ins Oytal und in die Spielmannsau. Bei Schnee geht's mit dem Pferdeschlitten dorthin.

Kurzinfos

Ponyhof Boxler, Am Dummelsmoos 37, 87561 Oberstdorf, Tel. 08322/96210, ponyhofboxler@t-online.de.

Etwa Ostern - Nov 14-17.30 Uhr. Ruhetage: Mai, Juni, Sept Mo/Di.; Juli, Aug, Okt Mo. Abfahrt der Pferdewagen oder -schlitten tägl. 10 Uhr.

Ca. EUR: 1 Runde 2,-, 6 Runden 10,-, Pferdewagen/-schlitten Erw. 10,-, Kinder 5,- (einfache Fahrt).

Kiosk am Reitgelände.

Am Ponyhof. Zufahrt siehe Text.

Bahnhof in Oberstdorf. Zugang siehe Text.

Siehe K.

Kristallbad (74), Eissportzentrum (79), Stillachtal (32), Skiflugschanze (31), Freibergsee (30), Wildfütterung (33), Rodelbahnen (88), Breitachklamm (35).

Oberstdorf - Freibergsee

Eine hübsche Wanderung, zu der Sie im Sommer die Badesachen und im Winter die Schlittschuhe mitnehmen sollten, beginnt im Birgsautal am großen Parkplatz unterhalb des Freibergsees. Wir gehen über die Stillachbrücke und im Wald bergauf, zunächst rechts zum Strandcafé am Freibergsee (beschildert) bzw. zum Bad, wo wir mit den Kindern schwimmen (eigenes Kinderbecken) oder Boot fahren können und ein Spielplatz die Kleinen beschäftigt. Anschließend laufen wir rechts auf dem breiten Weg weiter um den See, über dem wir bereits den frei im Himmel schwebenden Anlaufturm der Skiflugschanze gesichtet haben.
Nun bieten sich drei Rückweg-Varianten an:

1) Ganz um den See herum und den Aufstiegsweg hinab zum Parkplatz.

2) Am südlichen Seeufer geradaus nach Schwand mit einem sehr schönen Gasthaus, dahinter links das für Kfz gesperrte Sträßchen hinab ins Tal, links an der Schanzenanlage vorbei oder am rechten Stillachufer zurück zum Parkplatz.

3) Den Wegweisern „Skiflugschanze" folgen, zum Schanzentisch und ganz hinunter zum Auslauf, dahinter links zum Parkplatz.

Kurzinfos *Karte S.71*

Kurverwaltung Oberstdorf, siehe Tour 32

1) ca. 1 1/4 - 1 3/4 Std.
2) ca. 1 3/4 - 2 1/4 Std.
3) ca. 1 1/2 - 2 Std.

Ca. EUR: Schwimmbad Erw. 2,80, Kinder 6-15 J. 1,50.

Am Freibergsee, in Schwand, an der Skiflugschanze.

Parkplatz (gebührenpfl.) unterhalb des Freibergsees. Von der B 19 Richtung „Kleinwalsertal", dann links Wegweisern „Fellhornbahn, Skiflugschanze" folgen bis zum Parkplatz am langgezogenen Rechtsbogen.

Vom Bahnhof Brutscher-Buslinie, Haltestelle „Freibergsee".

Am Freibergsee oder Kristallbad.

Skiflugschanze (30), Ponyhof (29), Kristallbad (74), Eissportzentrum (79), Wildfütterung (33), Rodelbahnen (88).

31

Oberstdorf -
Skiflugschanze

Wie oft sieht man die Skispringer oder -flieger im Fernsehen - doch welche Leistung dahintersteckt und wieviel Mut dazugehört, macht erst der Besuch einer solchen Schanze bewußt. Eine der größten der Welt ist die „Heini-Klopfer-Skiflugschanze" im Stillachtal bei Oberstdorf. In den Jahren 1972/73 wurde sie für rund 7 Mio. DM um- bzw. neu gebaut. Imponierend sind die technischen Daten: Länge der Anlaufbahn 145 m, Neigungswinkel 39°, freie Auskragung der Spannbetonkonstruktion 57 m, Höhenunterschied Anlauf-Auslauf 195 m (das Ulmer Münster mit dem rund 162 m höchsten Kirchturm der Welt hätte also locker drunter Platz!), Absprunggeschwindigkeit 110 km/h. Eine Tafel am Fuße des Aufsprunghügels verkündet die größte gestandene Weite. Um wirklich das „Kribbeln im Bauch" zu verspüren, sollten Sie unbedingt hinauffahren zur Aussichtsplattform und die Anlaufbahn hinunterschauen. Abgesehen davon ist die Aussicht dort oben auf die Allgäuer Bergwelt und den Freibergsee wunderschön. Ferner besteht

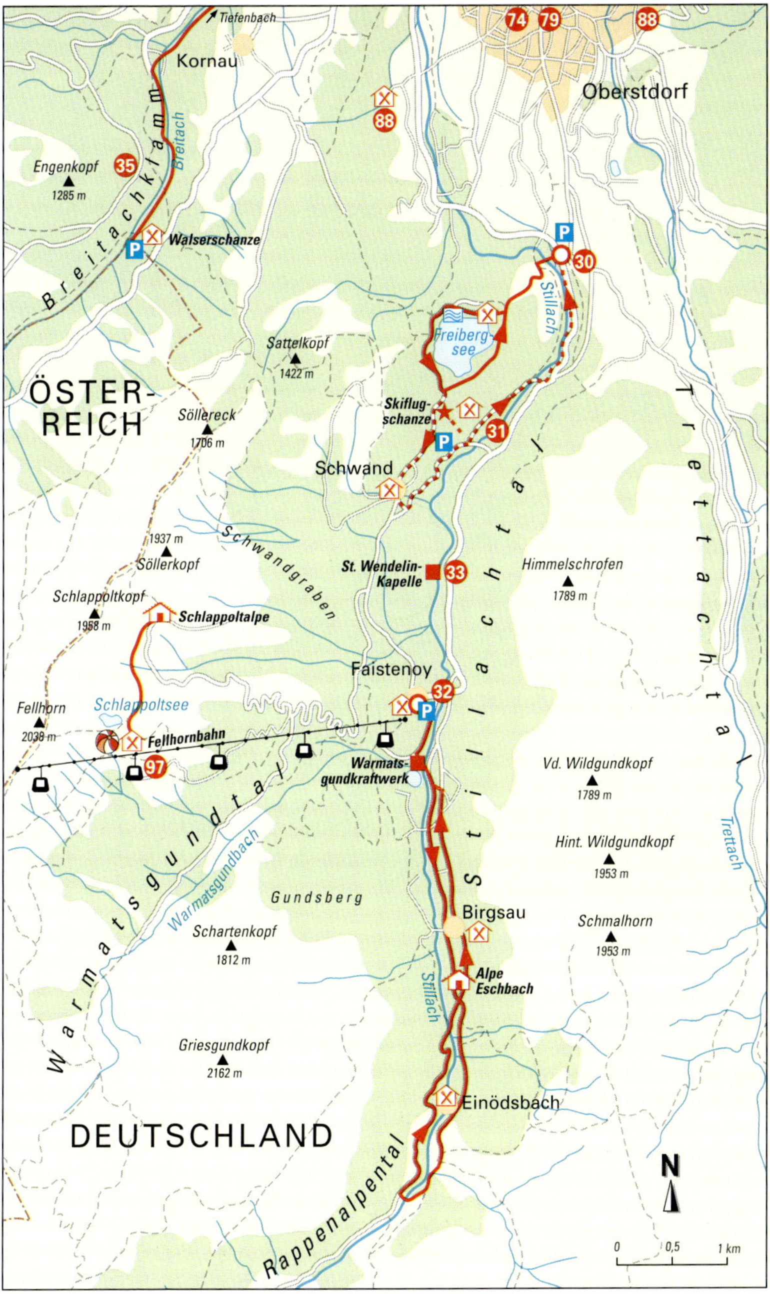
Tiefenbach
Kornau
74
79
88
Oberstdorf
88
Breitachklamm
Breitach
Engenkopf
1285 m
35
Walserschanze
P
30
Stillach
Freibergsee
Sattelkopf
1422 m
ÖSTERREICH
Söllereck
1706 m
Skiflugschanze
31
Schwand
Trettachtal
1937 m
Söllerkopf
Schwandgraben
St. Wendelin-Kapelle
33
Himmelschrofen
1789 m
Schlappoltkopf
1958 m
Schlappoltalpe
Faistenoy
32
Fellhorn
2038 m
Schlappoltsee
Fellhornbahn
97
Warmatsgundkraftwerk
Vd. Wildgundkopf
1789 m
Stillachtal
Warmatsgundtal
Warmatsgundbach
Hint. Wildgundkopf
1953 m
Trettach
Gundsberg
Schartenkopf
1812 m
Birgsau
Schmalhorn
1953 m
Alpe Eschbach
Stillach
Griesgundkopf
2162 m
Einödsbach
DEUTSCHLAND
Rappenalpental
N
0
0,5
1 km

die Möglichkeit, kopfüber am Gummiseil frei über den rund 70 m tiefer gelegenen Baumwipfeln zu pendeln. Der Nervenkitzel, zu dem Sie zumindest Ihre Sprößlinge nicht unbedingt verleiten sollten (auch Zuschauen ist interessant), nennt sich Bungee-Jumping und findet jedes Wochenende auf der Schanze statt. Zum Schanzentisch, von dem Sie der Personenaufzug in den Anlaufturm hinaufbringt, kommen Sie per Sessellift oder billiger auf dem nebenher verlaufenden Serpentinenweg.

Kurzinfos *Karte S. 71*

Skiflugschanze Oberstdorf, Tel. 08322/2855 und 987540, Fax 987580, www.soellereckbahn.de, soellereckbahn@t-online.de; Kurverwaltung Oberstdorf, siehe Tour 32.

Tägl. 9.15-16.30 Uhr, außer Anf. Nov - Mitte Dez und So nach Ostern ca. 3 Wochen; Bungee-Jumping Pfingsten - Ende Sept Sa/So 11.30-16.30 Uhr.

Ca. EUR: Erw./Kinder 5-14 J.: Sesselbahn Berg- oder Talfahrt 3,-/2,-, Berg und Talfahrt 4,50/3,50, Personenaufzug 3,50/2,50, Sesselbahn mit Personenaufzug 6,-/4,-; Kinder unter 5 J. in Begleitung eines Elternteils frei.

Sepp Weilers „Flugschanzenstube" an der Schanze.

Parkplatz (gebührenpfl.) nahe der Anlage. Von der B 19 Richtung „Kleinwalsertal", dann links Wegweisern „Fellhornbahn, Skiflugschanze" folgen.

Vom Bahnhof Brutscher-Buslinie, Haltestelle „Skiflugschanze".

Siehe K.

Freibergsee (30), Stillachtal (32), Kristallbad (74), Ponyhof (29), Eissportzentrum (79), Wildfütterung (33), Rodelbahnen (88).

Oberstdorf -
Stillachtal

Den recht erlebnisreichen Spaziergang im von hohen, wilden Bergen umrahmten Birgsau- oder Stillachtal beginnen wir am Parkplatz der Fellhornbahn.

Zunächst bringt uns der Weg vom Parkplatz an der Stillach talaufwärts zum Warmatsgundkraftwerk, bei dem Sie den Kindern erklären können, wie nachts das Wasser aus dem See wieder den Berg hinaufgepumpt wird, um erneut durch Fallrohre auf die zweistrahlige Turbine im Innern des Hauses zu schießen. 12 Mio. Kilowattstunden werden im Jahr erzeugt, die Oberstdorf umweltfreundlich mit Strom versorgen.

Hier queren wir die Stillach und gehen auf dem nahezu autofreien Teersträßchen (nur Anliegerverkehr) rechts, mit dem Kinderwagen oder den Kleineren später links zur urigen „Alpe Eschbach", bei der es frische Milch, Käse und köstlichen Joghurt gibt, zum Gasthof in Birgsau und den Weg durch die Wiesen zurück zur Fellhornbahn. Diese Strecke können die Jüngsten auch mit dem Rad absolvieren.

Mit größeren Kindern lohnt es, am Bach geradeaus weiterzumarschieren und an der Kreuzung gerade hinaufzuwandern nach Einödsbach, denn dort gibt es Lamas zu sehen, die meist frei herumlaufen. Hinter der Gasthausterrasse führt ein Steig zu einem Wasserfall und oberhalb der tiefen Rappenalpbachschlucht (bitte etwas Vorsicht) zu einer Wegteilung. Hier gehen wir rechts hinab zum Gebirgsbach, an dem die Kinder herrlich spielen können.

Als Rückweg bietet sich auch das Teersträßchen auf der anderen Seite an. Unten an der Kreuzung wählen wir dann ebenso den Weg durch die Wiesen über die „Alpe Eschbach" und den „Alpengasthof Birgsau". Die Wege sind beschildert und bis Einödsbach wintergeeignet. Außerdem führt bei Schnee eine leichte Loipenrunde (ca. 6 km) durchs Tal, die ebenfalls beim Fellhornbahn-Parkplatz beginnt.

Kurzinfos

Karte S.71

Kurverwaltung Oberstdorf, Marktplatz 7, 87561 Oberstdorf, Tel. 08322/7000, Fax 700236, www.oberstdorf.de, info@oberstdorf.de.

Kurzrunde ca. 1 1/4- 1 1/2 Std., lange Runde ca. 2 1/4 - 2 3/4 Std.

Alpe Eschbach, Alpengasthof Birgsau, Berggasthaus in Einödsbach, „Fellhornstuben" an der Talstation der Fellhornbahn.

Parkplatz an der Fellhornbahn, im Winter kleinerer Platz vor der Brücke. Zufahrt von der B 19 Richtung „Kleinwalsertal", dann links „Fellhornbahn"-Schildern folgen.

Vom Bahnhof Brutscher-Buslinie zur „Fellhornbahn".

Siehe unter K.

Skiflugschanze (31), Kristallbad (74), Eissportzentrum (79), Ponyhof (29), Wildfütterung (33), Rodelbahnen (88).

33

Oberstdorf -

Wildfütterung im Stillachtal

Falls Sie im Winter eine der Touren in der Oberstdorfer Gegend gewählt haben oder dort Urlaub machen, fahren Sie doch mal zu Beginn der Dämmerung per Bus oder Auto ins Stillachtal. Dort können Sie bei der Wendelin-Kapelle täglich beobachten, wie das Wild von den Jägern gefüttert wird. Allerdings muß viel Schnee liegen, sonst kommen die Tiere nicht herab ins Tal.

Die Wendelinkapelle findet sich wenige Meter abseits der Straße zwischen der Skiflugschanze und der Fellhornbahn. Beide Punkte sind Bushaltestellen, doch wenn Sie sagen, daß Sie zur Wildfütterung möchten, wird der Busfahrer Sie auch bei der Kapelle aussteigen lassen.

Ansonsten sind es von den Haltestellen 10-15 Spazierminuten durch die weiße Winterwelt. Autofahrer dürfen, wenn sie sich ruhig verhalten, zur Wildfütterung kurze Zeit an der Straße stehen bleiben.

Kurzinfos

Karte S. 71

Kurverwaltung Oberstdorf, siehe Tour 32.

Etwa bei Einbruch der Dämmerung.

„Fellhornstuben" an der Talstation der Fellhornbahn oder Sepp Weilers „Flugschanzenstube" an der Schanze.

Parkplatz (gebührenpfl.) an der Skiflugschanze oder der Fellhornbahn, Zufahrt von der B 19 Richtung „Kleinwalsertal", dann links „Fellhornbahn"-Schildern folgen.

Vom Bahnhof Brutscher-Buslinie, Haltestelle „Skiflugschanze" oder „Fellhornbahn".

Siehe K.

Stillachtal (32), Skiflugschanze (31), Freibergsee (30), Eissportzentrum (79), Rodelbahnen (88), Kristallbad (74).

34

Kleinwalsertal -
Bergabenteuer

Das Angebot „Bergabenteuer" der Bergschule Kleinwalsertal ist gedacht für Kinder ab 6 Jahre mit und ohne Eltern, Schulklassen und Vereine. Sind Sie nicht so mutig, können Sie auch passiv daran teilnehmen, zum Grillen mitgehen und den Nachwuchs an den vier Stationen fotografieren oder filmen. Gruppenerlebnis und -dynamik spielen eine große Rolle. Kinder und Erwachsene lernen dabei, zusammenzuarbeiten und aufeinander Rücksicht zu nehmen. Ab 10 Personen können an diesem Abenteuertag für die ganze Familie teilnehmen (rechtzeitige Voranmeldung unbedingt erforderlich, da vor allem in der Hauptsaison oft ausgebucht).

Als erstes wird der Klettergarten besucht. An den Felsen kurz vor der Auenhütte sind mehrere Stellen eingerichtet, an denen eine erste Einführung ins Klettern, Sichern und Abseilen erfolgt. Zu den nächsten Stationen ist jeweils 1/2 Stunde Fußmarsch vonnöten. Aus Bergseilen wird eine Brücke zur Bachüberquerung gebaut. Nach der Grillpause kommt der „Flying Fox" und als letzte große Mutprobe die abenteuerliche Abseilpartie von einer Brücke über 20 oder 40 Meter in die Tiefe. Und wenn das alle geschafft haben, ist die Stimmung natürlich entsprechend groß.

Kurzinfos

Bergschule Kleinwalsertal, 87569 Mittelberg-Bödmen (gegenüber dem Tenniscenter), Tel. 0043/5517/5860 (Mo-Fr 17.30-19, Sa/So 18-19 Uhr), Fax 65697, www.bergschule-kleinwalsertal.de, info@bergschule-kleinwalsertal.de.

Anfang Mai - Ende Okt jeden Di und Do, bei Bedarf auch an allen anderen Wochentagen.

Ca. EUR: Erw. 31,-, Kinder bis 16 J. 23,-, Gruppenpreis für Kinder und Jugendliche ab 20 Personen 21,-.

Unterwegs wird gegrillt.

P Bei der Bergschule.

Linienbus 9742 von Oberstdorf, Haltestelle „Steinbock".

K Als weitere Tagesunternehmung wird eine Canyoning-Tour ins Wildental angeboten.

35

Tiefenbach - Breitachklamm

Die Breitach durchbricht auf ihrem Weg aus dem Kleinwalsertal als Quellfluß zur Iller einen vom helvetischen Kreidemeer abgelagerten Felsstock aus Schrattenkalk. Nach dem Abschmelzen der Würmeiszeitgletscher hat das Flüßchen in jahrtausendelanger Arbeit ein in Mitteleuropa einzigartiges Naturdenkmal geschaffen. Es war ein Pfarrer, der den Anstoß gab, den unheimlichen Schlund durch Wege und Stege der Öffentlichkeit zugänglich zu machen, und seit 1905 läßt sich die etwa 2,5 km langen Klamm begehen. Bis heute ist die Erosionstätigkeit nicht beendet. So verschwand z.B. 1926 durch Hochwasser ein ganzer Wasserfall, 1956 bildete ein Felssturz einen 300 m langen Stausee. Nach heftigen Regenfällen werden die Wege oftmals überschwemmt, dann kann das Wasser schon mal bis zu 16 m (!) steigen und die Klamm unpassierbar sein.

Lassen sich im Sommer Hunderttausende durch dieses Naturwunder begeistern, umfängt den Besucher im Winter die Stille eines fast unwirklichen Eispalastes. Eindrucksvoll hängen meterlange Eiszapfen an den Felsen oder stehen wie kristallene Säulen am Wege. Sickerwasser überzieht die Wände mit glatten Vorhängen, spritzende Tropfen der schäumenden Gischt bedecken die Steine mit bizarren Formen und Gebilden. Ob Ihr Nachwuchs dort auch Trolle mit der typischen Knubbelnase oder andere Fabelwesen entdecken wird, bleibt ganz der kindlichen Fantasie überlassen. Warm anziehen sollten Sie sich auf jeden

Fall, auch im Sommer ist eine Jacke zu empfehlen. Mit viel Schauen (den Blick nach oben nicht vergessen, um die freischwebenden, verkeilten Felsen und die hohe Brücke nicht zu versäumen!) geht es durch die enge Schlucht, die Sie auch vom Kleinwalsertal, vom Gasthof „Walserschanze" aus, erreichen können.

Besonders schön ist folgende Rundwanderung: Vom Eingang bei Tiefenbach durch die Klamm bis zum oberen Kassenhäuschen, dort gerade hindurch (nach rechts ist auch noch die restliche Klamm sehenswert) und dem Wanderschild „Dornachalpe" nach. Der Weg führt über den „Zwingsteg", der fast in Höhe der Münchener Frauenkirche die Schlucht überspannt und einen aufregenden Blick in den engen Schlund ermöglicht. Sie kommen zu einem Teersträßchen, auf diesem rechts bergab zu alten Bauernhäusern (etwas oberhalb die bewirtschaftete Dornach-Alpe, herrliche Aussicht!). Danach zweigt rechts ein Fußweg ab, der Sie hinunterbringt zum Breitachklamm-Parkplatz.

Kurzinfos

Karte S.71

Infotelefon Breitachklamm 08322/4887; Verkehrsamt Oberstdorf, siehe Tour 32.

Sommer 8-17, Winter 9-16 Uhr (Anf. Nov - Mitte Dez geschlossen). Klammlänge 2,5 km, Rundwanderung ca. 1 1/2 - 2 Std.

Ca. EUR: Erw. 2,50, Kinder bis 15 J. 1,20

An beiden Enden der Klamm.

Parkplätze (gebührenpfl.) an beiden Klammzugängen, In Tiefenbach (Zufahrt ab der B 19 beschildert) und an der Walserschanze im Kleinwalsertal).

Von Oberstdorf Linienbus 9744 nach Tiefenbach bzw. 9742 zur Walserschanze.

Siehe K.

Sturmannshöhle (36), Ponyreiten (29), Kristallbad (74), Eissportzentrum (79), Rodelbahnen (88).

"Bergabenteuer" beim Klettern (Tour 34)

Obermaiselstein -
Sturmannshöhle

Die Urgewalten der Natur haben vor etwa 600.000 Jahren den eiszeitlichen Riß entstehen lassen, der zu einer abenteuerlichen Höhlenwanderung einlädt. Die Temperatur im Innern des Berges beträgt konstant 4-5 Grad, so daß eine warme Jacke und evtl. auch lange Hose unbedingt nötig sind.

Es gibt zwei Zugangsmöglichkeiten für Busfahrer: Von der Haltestelle „Sturmannshöhle" gehen wir zur Felsenenge, dem sogenannten „Hirschsprung", dort links auf schattigem Waldweg - teils am Bächlein, in dem die lieben Kleinen erstmal die Steine sortieren müssen - immer bergwärts bis zum Berggasthaus „Sturmannshaus", dann links den steilen Weg hinauf zum Höhleneingang (Hundeverbot).

Oder von Obermaiselstein bei der Haltestelle und dem Feuerwehrhaus Richtung „Sturmannshöhle", dann links zum unteren Parkplatz und ebenfalls zum Gasthaus. Dort finden Autofahrer, die den gleichen Weg von Obermaiselstein benutzen müssen, eine weitere Parkmöglichkeit.

Die Höhle ist nur mit Führung zugänglich. Wir erfahren alles Wissenswerte vor dem Betreten des engen Spaltes, durch den wir uns förmlich zwängen. 280 m tief geht es in den Berg. Wir passieren das „Drachentor" und den „Adlerschacht", schauen hinab in den tiefen Riß oder hinauf in Kamine, entdecken die „Gletschermühle" und müssen im Kernstück, dem 72 m tiefen Höhlenschacht, 180 Stufen hinunter (natürlich auch wieder rauf!). Unten rauscht der Höhlenbach, der hier als Quelle entspringt, eine Rinne ist voller Bergkristalle, und am Ende erwartet uns der kleine, geheimnisvolle Höhlensee.

Ein Tip: Bei Besuchen außerhalb der Stoßzeiten - also in der Nebensaison oder gleich frühmorgens - bleibt etwas mehr Zeit und Raum zum Schauen, sonst wird man von den Nachdrängenden mehr oder weniger ungeduldig „hindurchgeschoben", da vielfach kein Platz vorhanden ist, um vorbeizugehen.

Kurzinfos

Sturmannshöhle, Tel. 08326/38309; Verkehrsamt 87538 Obermaiselstein, Tel. 08326/277, Fax 9408, www.obermaiselstein.de, info@obermaiselstein.de.

Mitte/Ende Mai - Anfang Nov täglich 9.30- 16.30 Uhr, 26. Dez bis Anf. Mai 11-16 Uhr.

Ca. EUR: Erw. 3,-, Kinder 6-14 J. 1,50.

Berggasthaus „Sturmannshaus" (Do-So), Kassen-Kiosk mit Imbiß.

2 Parkplätze unterhalb der Höhle. Zufahrt siehe Text.

Buslinien 9744 a und b. Zugang siehe Text.

Freizeitbad Fischen (siehe 28).

Breitachklamm (35), Obermühle (28), Wasserwirtschaftlicher Lehrwanderweg (23), Ponyreiten (29, 37), Eissportzentrum (79).

37

Ofterschwang - Ponyreiten

Ein Stückchen oberhalb des Ofterschwanger Skilifts findet sich ein kleines Kinderparadies: Ponys zum Reiten, Häschen zum Streicheln, Enten, Fische, Damhirsche und Ziegen und ein großer Spielplatz mit Klettergeräten, Rutschbahn, Schaukeln und Fußball-Torwand. Ein Kiosk sorgt mit kleinen Gerichten fürs leibliche Wohl. Größte Attraktion sind jedoch die Pferde. Wenn die Sprößlinge reiten können, dürfen sie alleine den etwa 20 Minuten langen Ponyrundweg absolvieren, andernfalls werden die Tiere geführt. Doch auch ohne Pferd lohnt es, sich mit den Kindern auf die kleine Wanderrunde zu begeben.

Nicht ganz leicht fällt die Trennung vom Spielplatz, doch dann absolvieren wir den ausgeschilderten „Pony-Rundweg". Tafeln erklären den kleinen Waldlehrpfad, ein Bächlein wird gequert, wir erreichen den Ententeich, das Damwild, die ewig gefräßigen Ziegen und einen kleinen Forellenteich. In der „Wurzelhütte" läßt sich ganz zünftig ein Kindergeburtstag feiern (auf Anmeldung); im Sommer finden dort auch urige Hüttenabende für die Erwachsenen statt. Schließlich kommen wir zurück zur Brotzeithütte, bei der es zum Kuchen und Eis die schöne Aussicht gratis gibt.

Kurzinfos

Brotzeithütte Meinrad Schmid, 8972 Ofterschwang,
Tel. 08321/3536, Fax 721851.

Ponyreiten nur bei gutem Wetter tägl. 11-17 Uhr, etwa Mitte Mai - Anfang Nov, Rundweg ohne Pferde ganzjährig, ca. 20 Min.

Ca. EUR: Große Runde 5,20, kleine 1,60, 2x kleine Runde 2,60.

Parkplatz gegenüber der Brotzeithütte. Von der B 19 in Sonthofen Abzweig „Sonthofen, Altstädten Ofterschwang", im Ort Beschilderung „Parkplatz, Lifte".

VG-Linie 9744 b, Sonthofen-Bolsterlang, Haltestelle „Ofterschwang". Beim Verkehrsamt die Straße bergab, am Gasthof „Engel" und dem Feuerwehrhaus vorbei und gleich links „Leitenweg", am Bächlein bergauf zum Lift, rechts zur Brotzeithütte (ca. 8-10 Min.).

In Sonthofen (siehe 23).

Sturmannshöhle (36), Heimathaus (21), MO-Lok (20), Starzlachklamm (22), Rodelbahn (83), Eisstadion (81).

Oberstaufen-Thalkirchdorf - Bauernhausmuseum Knechtenhofen

In Knechtenhofen, direkt gegenüber der kleinen Kirche, steht ein über 300 Jahre altes Bauernhaus: „'s Huimatle", das heute Museum ist. Ein Schräghag, der nicht genagelt, sondern nur gesteckt wurde, umgibt die Wiese vor dem ehrwürdigen Holzhaus, auf der Südseite hat man ein Gewürzgärtchen angelegt.

Viel gibt es im weitgehend original belassenen Innern zu entdecken, beispielsweise ein selbstgebasteltes Mühlespiel, bei dem kleine Äste die Figuren ersetzen, eine Tischkegelbahn oder einen echten „Flekkerlteppich", an dem jedes Stoffetzchen in Form geschnitten und umstochen ist. Neben dem Spinnrad steht, wie bereit zur Arbeit ein Korb mit Schafwolle, an der Feuerstelle liegt Brennholz zum Schüren, im Stall ist frisches Heu eingeschüttet, im Keller hängt der Käsekessel, stehen Butter- und Molkefaß.

Als wahre Fundgrube erweist sich die Tenne unterm Schindeldach. Alte Kutschen sind hier aufbewahrt, der Vorläufer einer Dreschmaschine, in der das Korn durch verschiedene Siebe fiel, oder die geniale Pistenwalze, bei der einfach Bretter auf Fahrradfelgen montiert waren. Eine Sammlung alter Ski ist ebenfalls vorhanden.

Vom Thalkirchdorfer Holzschnitzer Gallus Witzigmann, dem die Initiative zur Einrichtung des Museums zu verdanken ist, stammen die schön geschnitzten Fasnachtsmasken, von der Thaler Blasmusik die Blechmusikinstrumente. In der komplett eingerichteten Schusterwerkstatt, die aus Thalkirchdorf ins Museum übersiedelte, wurde noch bis 1962 gearbeitet.

Die Sattlerwerkstatt gibt einen Hinweis auf den Beruf des letzten Hausbewohners, Christian Hauber, der das Anwesen 1856 verkaufte. Bis 1975 stand es leer, wurde dann vom Heimatverein Thalkirchdorf erworben, sorgfältig restauriert und 1979 als Museum der Öffentlichkeit übergeben.

Kurzinfos

Kurverwaltung Oberstaufen, Hugo-von-Königsegg-Str. 8, 87534 Oberstaufen,Tel. 08386/93000, Fax 930020, www.oberstaufen.de, info@oberstaufen.de; Außenstelle Thalkirchdorf, Tel. 08325/9760, Fax 9761.

Mai-Okt So 10-12, Mi 14-17 Uhr.

Ca. EUR: Erw. 1,50, Kinder frei.

Am Haus. Von der B 308 zwischen Immenstadt und Oberstaufen Abfahrt „Knechtenhofen".

Linienbus 9739 Immenstadt-Oberstaufen, Haltestelle „Knechtenhofen", direkt am Museum.

Siehe K.

Wasserfälle (40), Erlebnisbad „Aquaria" (73), Tiergehege (39), Miniwelt (93).

39

Oberstaufen-Willis - Wildpark

Der Wildpark im Ortsteil Willis ist eher etwas für die ganz Kleinen, es sei denn, die größeren Kinder wollen ein Tischtennismatch austragen. Weitere Spielgeräte beschäftigen die Kinder, falls die Tiere vom Wildfutter (aus dem Automaten) satt sind und nicht mehr zum Zaun kommen.

Im Hanggelände hinter dem Hotel „Bergkristall" tummeln sich Damhirsche, Rotwild und Ziegen. Falls die Tiere weiter unten sind, können Sie auch hinabgehen und vom Sträßchen aus die Hirsche beobachten. Eine größere Anfahrt lohnt fast nicht, aber der Wildpark ist eine nette Kombinationsmöglichkeit, falls Sie gerade in der Nähe sind.

Kurzinfos

Wildpark in Willis, Tel. 08386/9110.

Hotel „Bergkristall" (schöne Aussichtsterrasse).

Beim Hotel. Von der B 308 Oberstaufen in Richtung Lindau bis zum Ortsteil „Willis", Schild „Wildpark".

Linienbus 9793 Oberstaufen-Lindau, Haltestelle „Willis", etwa 5 Min. hinab zum Wildpark.

Siehe K.

Erlebnisbad „Aquaria" (73), Wasserfälle (40), Bauernhausmuseum (38), Miniwelt (93).

40

Oberstaufen-Buchenegg - Buchenegger Wasserfälle

Für Autofahrer ist es kein Problem, die Buchenegger Wasserfälle zu erreichen. Busfahrer müßten von Steibis aus eine etwas längere Wanderung in Kauf nehmen, um dieses landschaftliche und für Kinder recht spannende Kleinod in der tiefen Weißachschlucht zu erreichen. Eine weitere, sehr abwechslungsreiche Möglichkeit (überwiegend bergab!) wäre auch, mit dem Sessellift aufs Hündle zu fahren, weiter aufwärts und bis zum Hündlekopf zu gehen. Dort über die Bärenschwandalpe hinunter in den Tobel. Als Rückweg bietet sich das Sträßchen vom Parkplatz oberhalb der Schlucht über Buchenegg hinab zur Hündlebahn-Talstation an. Die Buchenegger Wasserfälle sind von beiden Seiten her weiträumig mit Wegweisern bezeichnet, so daß Sie keine Schwierigkeiten haben werden, das Naturschauspiel aufzuspüren.

Von der B 308 zweigen wir nahe dem Hündle-Sessellift ab „Isny, Knechtenhofen", fahren gleich links „Hinterstaufen, Buchenegg" und entweder links zum Lift oder geradeaus nach Buchenegg, dort Richtung „Seppl's Gartenwirtschaft". Beim Gasthaus folgen wir dem Sträßchen bis zum Sperrschild, vor dem ein kleiner Parkplatz angelegt ist. Ab hier geht es zu Fuß durch die Wiese in den Wald und auf einem Serpentinenweg im steilen Hang (kleinere Kinder stellenweise zur Sicherheit an die Hand nehmen!) hinab in den Tobel. Eine Brücke quert das wilde Bachbett, dann sind wir am unteren, dem größeren Wasserfall. Der obere ist nur kurzzeitig durch die Bäume zu sehen bzw. durch einen Zugang auf der anderen Seite der Schlucht zu erreichen.

Nun brauchen die Kinder ausreichend Zeit, um über die großen Felsbrocken zu klettern, die Höhle rechts um die Ecke zu entdecken (ein Überhang, unter dem es an heißen Tagen so schön kühl ist) oder um im nicht minder erfrischenden Wasser herumzuplanschen. Lediglich auf Nichtschwimmer sollten Sie ein Auge haben, da der fast schon See zu nennende große Gumpen vor dem Wasserfall recht tief ist. Hohe, feste Wanderschuhe mit griffiger Profilsohle sind für alle angebracht. Auf den längeren Zugangswegen Wetter- und Sonnenschutz, Brotzeit und Getränke nicht vergessen.

Kurzinfos

Kurverwaltung Oberstaufen, siehe Tour 38; Außenstelle Steibis, Tel. 08386/8103, Fax 8679.

Gehzeit ca. 1/2 - 1 Std. Mit größeren Kindern: übers Hündle bei Bergfahrt mit dem Lift ca. 2-3 Std., von Steibis ca. 1 1/2 - 2 1/2 Std.

In Buchenegg und Steibis, Bärenschwandalpe etwa Anfang Juni - Mitte Sept bewirtschaftet.

P Am Ende der Zufahrtsstraße (siehe Text).

Linienbus 9739 Oberstaufen-Immenstadt, Haltestelle „Hündlelift", von dort zur Querstraße und rechts-links unter der Straße durch „Hündlebahn". RVA-Bus von Oberstaufen nach Steibis, von dort Straße weiter, bis links der Wanderweg zu den Wasserfällen abzweigt.

Siehe K.

Miniwelt (93), Erlebnisbad „Aquaria" (73), Bauernhausmuseum (38), Tiergehege (39).

Ein wahres Kinderparadies ist der Eistobel (Tour 41)

Maierhöfen - Eistobel

Ein Sommer- und Wintervergnügen gleichermaßen stellt der Eistobel südwestlich von Maierhöfen (ein Stück südlich von Isny) dar. Während an warmen Sommertagen der schattenspendende Weg zu Stellen führt, an denen die Kinder ungefährdet im Wasser planschen und auf den Felsen herumklettern können, wartet der Winter mit bizarren Frostgebilden und großen Eiszapfen auf. Dann allerdings erfolgt die Begehung auf eigene Gefahr, und es kann kritische Stellen geben, an denen Umkehren besser ist als ein folgenschwerer Ausrutscher.

An der 204 m langen und 54 m hohen Argentobelbrücke, von der Sie zusätzlich einen Blick in die Schlucht werfen sollten, steigen wir hinab in die landschaftliche Kostbarkeit, die durch eine Verwerfung der tertiären Molasseschicht und vieltausendjährige Erosion entstand. Wenn wenig Betrieb ist, lassen sich die Wasseramsel, die schwimmen und tauchen kann, oder seltener der buntschillernde Eisvogel beobachten, der in den weichen Nagelfluhwänden gute Nistmöglichkeiten findet. Bei feuchtem Wetter kommt auch der schwarze Alpensalamander aus seinem Versteck.

So laufen wir unter der hohen Bogenbrücke (ein Modell der alten Argentobelbrücke steht am Eingang, mit Fotos von der Sprengung 1987 und dem Bau der neuen) hindurch flußaufwärts. Das Tal wird enger, und wir kommen zum ersten Wasserfall. Dahinter liegt ein Gewirr von grünbemoosten Felsblöcken, durch die sich die Obere Argen gischtend ihren Weg sucht. Hohe Nagelfluhwände tauchen auf, immer wieder kommen Wasserrutschen, gleichzeitig hat die Natur herrliche Spiel- und Badeplätze für die Kinder geschaffen.

Auf dem Steig, der teils über Brückchen führt oder in die Felsen gesprengt wurde, gehen wir noch bis zu Brücke unterhalb des kleinen Stausees, um einen Blick in die hier ganz enge Schlucht und auf den Wasserfall zu werfen, danach wird es für den Nachwuchs eher etwas uninteressant.

Wer weitergehen möchte: Hinter der Brücke rechts hinauf und in den Schüttentobel, kommen Sie zum See, aus dem eine 50 m hohe Nagelfluhwand aufragt. Man kann den Tobel verlassen und bis zum Gasthaus „Goldener Ochse" (Biergarten, Do Ruhetag) spazieren. Den Rückweg durch den Schütten- und Eistobel versperrt unangenehmerweise ein Kassenautomat, an dem man nochmal zahlen muss.

Kurzinfos

Verkehrsamt Maierhöfen, Hs.Nr. 21/3, 88167 Maierhöfen, Tel. 08383/98040, Fax 98042, www.maierhoefen.de, info@maierhoefen.de

Ganzjährig rund um die Uhr zugänglich, etwa Mai-Okt Kasse ab 9 Uhr besetzt. Hin- und Rückweg bis zur Brücke ca. 1 - 1 1/2 Std. Einfacher Weg durch den Eis- und Schüttentobel ca. 3/4 - 1 Std.

Ca. EUR: Erw. 1,50, Kinder 4-16 J. 0,50.

„Argentobelbrücke", auf der anderen Brückenseite links.

An der Argentobelbrücke, Schild „Eistobel".

Bahnhof Röthenbach. Buslinie Röthenbach-Isny, Haltestelle „Eistobel".

Miniland Modelleisenbahnschau (9), Ruine Alttrauchburg (10), Kletterhalle (12).

Lindenberg - Waldsee, Kinderloipe, Hutmuseum

Die attraktivste und schönste Freizeitmöglichkeit mit Kindern in der recht hoch gelegenen, alten Hutmacherstadt ist der Waldsee, ein idyllisches Moorgewässer, das im Sommer zum Baden, im Winter zum Eislaufen einlädt.

Während der Badesaison im Sommer gibt es Spielmöglichkeiten für Kleinkinder und jugendliche Nichtschwimmer in abgegrenzten Bereichen. Die Schwimmer dürfen sich auch bis zum Rand der blühenden Seerosenfelder wagen, sie jedoch nicht zerstören oder gar Blüten abpflücken. Schöne, gepflegte und auch kinderwagengeeignete Wege führen um den Waldsee und durchs angrenzende Moorgelände, in dem es viele typische Pflanzen wie beispielsweise den Sonnentau, eine fleischfressende Pflanze, zu entdecken gibt. Eislaufen auf dem zugefrorenen See erfolgt auf eigene Gefahr.

Direkt neben dem Waldsee bietet bei Frost ein Kunsteisplatz sicheren Schlittschuhspaß (Schlittschuhverleih), und das immer mit Musik.

Fällt beides ins Wasser, wäre vielleicht ein Besuch in Bayerns einzigem Hutmuseum in der Lindenberger Innenstadt, Brennterwinkel 4, angebracht. Nicht weit vom Hutmuseum beginnt beim Hallenbad eine Langlaufloipe für Kinder. Sie ist etwa 1 km lang, führt durch leichtes, kindgerechtes Gelände, nahe an einem Reitstall vorbei und ist entsprechend beschildert. Ein Rodelhang findet sich übrigens beim Eislaufplatz.

Kurzinfos

i Verkehrsamt Lindenberg, Stadtplatz 1, 88161 Lindenberg, Tel. 08381/80328, Fax 80388, www.lindenberg.de, touristinformation@lindenberg.de

Im Winter gehört der Waldsee den Eisläufern

Schwimmbad ca. Mitte Mai-Mitte Sept tägl. 8.30-19.30 Uhr;
Eislaufplatz Mo-So 14-18, Sa auch 18.30-21 Uhr;
Hutmuseum, So 10-12, Mi 15-17.30 Uhr.

Ca. EUR: Schwimmbad Erw. 1,60, Kinder bis 14 J. 0,30;
Eislaufplatz, Erw. 2,50, Kinder 6-18 J. 2,-;
Hutmuseum, Erw. 2,- Kinder 1,-.

„Brotzeitstüble" am Eislaufplatz (Di Ruhetag).

P Am Waldsee und Eislaufplatz, am Hutmuseum, für die Loipe am Hallenbad. Zufahrt zum Waldsee beschildert.

Bahnstation Röthenbach, Zubringerbus (DB) nach Lindenberg, oder Westallgäuer-Buslinie; zum Waldsee ca. 20 Min. zu Fuß.

K Reptilienzoo (45), Wasserfälle (44), Handwerkermuseum (43).

Scheidegg -

Handwerkermuseum-Heimathaus

Als wahres Schatzkästlein entpuppt sich das im 1893 erbauten Spieler'schen Anwesen untergebrachte Handwerkermuseum im Ortskern von Scheidegg, wartet es doch mit original eingerichteten Werkstätten, Räumen und einigen Raritäten auf. Die 28 Abteilungen zeigen Arbeit und Werkzeuge von Schmied, Schlosser, Küfer, Imker, Wachszieher, Seiler, Korb- und Schuhmacher, Sattler, Zimmermann, Schreiner, Schindelmacher und Drechsler. Eine Hauskäserei, ein Tante-Emma-Laden und eine komplette Handwerkerwohnung mit Waschküche haben hier ebenfalls Platz gefunden. Besonders interessant dürfte die Schulstube von 1930 sein, in der neben den alten Schulmöbeln und der „Rechenmaschine" Hefte, Schulbücher, Schiefertafeln, Griffel, Zeugnisse und Bücher einen Eindruck vom damaligen Unterricht vermitteln. Ab und zu finden Sonderausstellungen statt.

Kurzinfos

Kurverwaltung Scheidegg, Rathausplatz 4, 88175 Scheidegg, Tel. 08381/89555, Fax 89550, www.scheidegg.de, scheidegg@allgaeu.org.

1. und 3. Sonntag im Monat 9.45-12 Uhr, jeden Mittwoch 10 Uhr Führung auf Anmeldung.

Ca. EUR: Erw. 1,50, Kinder 6-16 J. 0,50.

Am Heimathaus im Zentrum (hinter dem Rathaus).

Buslinien vom Bahnhof Röthenbach und Wangen, VG-Linie 9793 Oberstaufen-Lindau.

Alpenfreibad im Süden von Scheidegg.

Reptilienzoo (45), Wasserfälle (44), Waldsee (42).

44

Scheidegg -
Wasserfälle

Im Rohrachtobel, der im Jahr 1950 erschlossen wurde, können Sie einen kleinen Rundweg gehen, zunächst beidseits des Baches zum oberen Wasserfall gleich unterhalb des Eingangs. Dabei kommen Sie am Streichelzoo, an Fasanengehegen und Pfauen vorbei. Auf dem kleinen Teich tummeln sich Enten und Gänse. Während die Kinder auf dem Spielplatz beschäftigt sind, könnten Sie mal eben im „Storchenschritt" durchs Kneippbecken staksen.

Hier führt ein kurzer Weg zum Blick von oben in die recht urwüchsige Schlucht mit Wasserfällen, zu denen es beim alten Mahlstein der ehemaligen Fürstenmühle (1543) über eine Treppenanlage hinabgeht. Die Fälle ergießen sich über hohe Nagelfluhfelsen und führen - je nach Jahreszeit - mal mehr, mal weniger Wasser. Kinderwagen dürfen Sie beim bewirtschafteten Kiosk abstellen.

Kurzinfos

Kurverwaltung Scheidegg, siehe Tour 43; scheidegger-wasserfaelle.de, webmaster@scheidegger-wasserfaelle.de.

Ostern - November 8-20 Uhr, im Winter auf eigene Gefahr. Kurze Spazierwege.

Ca. EUR: Erwachsene 1,-, Kinder 0,50.

Kleinigkeiten am Kiosk, Grillplatz im Gelände, an der Straße Gasthaus „Rohrachblick" (Fr Ruhetag).

P Am Eingang zur Schlucht. An der B 308, etwas außerhalb von Scheidegg Richtung Lindau, Hinweisschilder „Wasserfälle".

VG-Linienbus 9793 Oberstaufen-Lindau, Haltestelle „Rohrachblick“.

Alpenfreibad im Süden von Scheidegg.

Reptilienzoo (45), Handwerkermuseum (43), Waldsee (42).

45

Scheidegg -

Reptilienzoo

„Klein aber fein“ könnte „Das Paradies der Ungeliebten“ überschrieben sein, wobei sich immer wieder feststellen läßt, daß gerade Kinder Schlangen, Echsen und andere Reptilien ungeheuer interessant finden. Das Tropenhaus wird bevölkert von vielerlei Schlangen, darunter einer 27 Jahre alten Anakonda, 90 kg schwer und 4 1/2 m lang, die zu einer Mahlzeit schon mal 18 Hühner gefressen hat. Wer sie anfassen darf, wird ob ihrer warmen, trockenen und wunderschön gezeichneten Haut leicht zum Schlangenfan. Die Pythons bekommen jedes Jahr Junge. Auch andere Zoobewohner sorgen für Nachwuchs, vor allem die europäischen Reptilien im Freigehege, deren Zahl durch die fortschreitende Zerstörung ihres Lebensraumes bedrohlich sinkt. Hier leisten die Zuchterfolge einen echten Beitrag zur Arterhaltung.

Eine Schönheit ist die Grüne Mamba, eine Seltenheit die Krustenechse, die einzige giftige Eidechse der Erde. Niedlich anzuschauen sind die winzigen Schildkrötenkinder. Taranteln, Vogelspinnen, Kröten und Frösche sowie Leguane und ein fischfressendes Sumpfkrokodil, Klapperschlangen, Kobras und kleinere Schlangen lassen sich außerdem in den gepflegten Terrarien beobachten. Fotos von Schlangenbissen sind aufgehängt, darunter Texte, was dagegen hilft. Bei Führungen für Gruppen und Schulklassen erfährt man darüber hinaus noch viel Interessantes über die Tiere.

Kurzinfos

Reptilien-Zoo Scheidegg, Adolf Lücke, 88175 Scheidegg, Tel. 08381/7449.

Apr-Okt tägl. 9-18, Nov-März Sa-Do 10-17 Uhr; Freigelände erst nach den Eisheiligen im Mai.

Ca. EUR: Erw. 3,70, Kinder 4-14 J. 2,30.

„Rohrachblick" in der Nähe an der B 308 (Fr Ruhetag).

Am Zoo. Er liegt direkt an der Deutschen Alpenstraße (B 308), etwas außerhalb von Scheidegg Richtung Lindau.

VG-Linienbus 9793 Oberstaufen-Lindau, Haltestelle Gasthaus „Rohrachblick".

Alpenfreibad im Süden von Scheidegg.

Wasserfälle (44), Handwerkermuseum (43), Waldsee (42).

46

Lindau - Bodenseeradweg bis Langenargen

Diese Radeltour läßt aufgrund der Schiffsverbindungen jede gewünschte Länge zu, so daß Sie mit kleineren Kindern auch nur bis Wasserburg oder Nonnenhorn radeln können. Weitere Schiffsanlegestellen sind in Kressbronn und Langenargen. Spätestens dort geht es mit dem Liniendampfer zurück nach Lindau. Am Weg liegen Badeplätze, Schwimmbäder, Spielplätze und Bootsverleiher, außerdem sind die Schiffe draußen auf dem See und in den Häfen immer wieder interessant. Natürlich können Sie aus dieser Strecke auch andere Abschnitte wählen, beispielsweise ab Wasserburg. In dem hübschen Ort finden Autofahrer gleich am Bahnhof einen praktischen und kostenlosen Parkplatz. In den Verkehrsämtern bzw. am Hafen oder Bahnhof bekommen Sie den gerade gültigen Schiffsfahrplan; notfalls bringt Sie der Zug zurück. Abschnittsweise läßt sich die Strecke auch erwandern, die Wege sind überdies kinderwagengeeignet.

Wir packen die Badesachen ein und starten in Lindau am Bahnhof, gehen links vor dem berühmten Hafenbecken mit dem Löwen und dem 33 m hohen neuen Leuchtturm durch den Fußgängerbereich und am „Rüberplatz" links zum buntbemalten Rathaus, dahinter rechts durch die hübsche Altstadt - wo die Eisbecher auf den Tischen eine erste Versuchung darstellen - dann links, und ab hier dürfen wir radeln. Gerade an den Kirchen vorbei, verlassen wir den verkehrsberuhigten Bereich und wechseln an der Hauptstraße mittels Fußgängerüberweg in die Parkanlagen. Vor dem See halten wir uns links, kommen zum ersten Bootsverleih, zum Spielplatz und Bahndamm. Hier rechts, geleiten uns nun die Schilder des Bodenseerundweges bzw. der blaue Punkt mit dem schwarzen Pfeil drumherum (Hauptrichtung „Friedrichshafen").

Am Ufer entlang, erreichen wir die Straße, müssen links etwas bergan nach Bad Schachen, dann links hinab zu einer prächtigen Villa und um den Lindenhofpark herum. Am Ende, beim Parkplatz, zeigt ein Wegweiser in den Park zum „Lindenhofbad" am See. Ansonsten folgen wir den Radschildern bis zum Schwimmbad von Wasserburg, kommen am Spielplatz vorbei und in den Ort.

Zum Schiffsanleger müssen Sie beim Restaurant „Zum Lieben Augustin" links auf die Halbinsel, wollen Sie Ruder-, Tret- oder Motorboot fahren, ebenfalls. Ist noch Zeit, bis der Dampfer ablegt, bietet sich mit größeren Kindern ein Besuch des Museums im Malhaus an (Gefängniszellen aus der Zeit der Hexenprozesse, heimatkundliche Sammlung mit Schwerpunkt Obst- und Weinbau, Fischerei, Landwirtschaft).

Der Bodenseeradweg geht beim „Lieben Augustin" rechts weiter, um die Bucht mit einer Iriswiese herum (Blütezeit etwa Mitte Mai bis Anfang Juni) und passiert einen freien Badeplatz. In Nonnenhorn, beim alten Torkel, einer großen Weinpresse aus dem Jahr 1591, biegen wir links ab und lassen die Räder hinunterlaufen zum Minigolfplatz, Dampfersteg (Bootsverleih) und Schwimmbad von Nonnenhorn.

Wer noch Kondition hat, darf weiterradeln bis Kressbronn, das wir in Seenähe durchqueren und von dem ebenfalls das Schiff zurückfährt. Beim Schwimmbad wechseln wir auf den Radweg links der Straße, kommen zum Kirchlein von Tunau und fahren beim „Dorfkrug" (Biergarten mit Spielgeräten) links weiter nach Schnaidt. Dort dürfen wir - ohne groß zu lärmen - links durch den Campingplatz radeln, anschließend um den großen Yachthafen herum, in dem es viele tolle Boote zu bewundern gibt, dann sind wir an der Argen. Mit technisch interessierten Kindern können Sie, rechts am Ufer entlang, das kurze Stück zur ältesten noch erhaltenen Kabelhängebrücke Deutschlands (1897) anfügen, die als Konstruktionsvorbild der Golden Gate Bridge in San Francisco (USA) diente. Auf der anderen Flußseite zurück, wenden Sie sich vor der Holzbrücke rechts.

Die anderen queren gleich das Holzbrücklein und fahren geradeaus weiter dem Bodenseerundweg nach (Möglichkeit: am Yachthafen gleich links, auf der Straße kurz rechts, dann links den kurzen Fußweg schieben, erreichen Sie einen schönen freien Badeplatz, von dort rechts weiter). Wir radeln hinein nach Langenargen bis zum Landungssteg beim alten Zollhaus. Hier spätestens haben die Kinder in einem der vielen Lokale den großen Eisbecher verdient!

Kurzinfos

Verkehrsämter: Lindau, Tel. 08382/260030, Wasserburg Tel. 08382/887474, Nonnenhorn, Tel. 08382/8250, Kressbronn, Tel. 07543/96650, Langenargen, Tel. 07543/933092.

Entfernungen: Lindau-Wasserburg ca. 7 km, Wasserburg-Nonnenhorn ca. 2 km, Nonnenhorn-Kressbronn ca. 2 km, Kressbronn-Langenargen ca. 5 bzw. 6 km mit Hängebrücke; insges. ca. 16-17 km. Wasserburg, Museum im Malhaus: Apr-Okt Di-So 10-12, Mi und Sa auch 15-17 Uhr.

Ca. EUR: Schiff Langenargen-Lindau: Erw. 7,20, Kinder-Tageskarte (am Hafenschalter) 6-15 J. 3,-, Museum im Malhaus: Erw. 2,-, Kinder bis 14 J.frei, 14-18 J. -,50.

Viele am Wege und jeweils in den Schwimmbädern.

In Lindau P+R-Plätze (gebührenpfl., nahe der Altstadt nur Kurzzeitparken), bzw. ausgeschilderte Parkplätze in den übrigen Orten (in Zentrumsnähe meist gebührenpfl.).

Alle Orte haben einen Bahnhof.

Schwimmbäder und freie Badeplätze an der Strecke.

Viele Gestaltungsmöglichkeiten (siehe Text).

47

Lindau -
Alpenwildpark auf dem Pfänder

Auf dem Bodensee lassen sich Schiffsausflüge in jede Himmelsrichtung unternehmen. Eine besondere Kombination oder echte Geburtstagsüberraschung ist jedoch der Ausflug auf den Pfänder, auf dem ein Alpenwildpark und eine sehenswerte Greifvogelschau die Attraktion sind.

Mit dem Liniendampfer fahren wir zwischen Löwe und Leuchtturm hinaus aufs Schwäbische Meer und nach Bregenz in Österreich. Dort geht es vom Hafen zur Hauptstraße und links, dann rechts zur Pfänderbahn (Hinweisschilder, ca. 10 Minuten). Die moderne Gondel, die auch den Kleinsten freie Sicht gewährt, trägt uns hinauf zum Berggasthaus mit der herrlichen Aussicht über den Bodensee. Wenige Meter links, am Spielplatz vorbei, beginnt der Rundgang durch den Wildpark, in dem den Tieren erfreulich viel Auslauf in natürlicher Umgebung gewährt wird. Der Waldlehrpfad geleitet uns zu Wildschweinen, Mufflons, Alpensteinböcken, Hasen und anderen Kleintieren, zu Hirsch und Murmeltier sowie zur eigentlichen Attraktion, der Greifvogelwarte.

Vor und nach der Flugschau sind die Tiere im Käfig zu bewundern, doch besonders aufregend ist natürlich die Vorführung. Es ist ein Er-

lebnis, wenn Falkin „Lisa" oder Uhu „Moritz" haarschaf über die Köpfe der Besucher jagen. Adler, Geier, Milane und Kolkraben zeigen atemberaubende Flugkunststücke, bevor sie auf die Hand des Falkners zurückkehren. Verhalten und Lebensgewohnheiten dieser größtenteils bedrohten Tiere werden ausführlich erläutert. Nebenbei erfahren die Besucher auch, daß die Vögel schon mal im Gastgarten der unterhalb gelegenen Wirtschaft landen und der Rote Milan einem Gast das Schnitzel vom Teller gestohlen hat.

Nach dem Rundgang bietet sich noch der kurze Weg (ca. 5-10 Min.) zum 1064 m hohen Pfändergipfel an, auf dem der mächtige Sendemast das Interesse ebenso weckt, wie Pferde auf der Koppel oder das bewirtschaftete Gasthaus „Pfänderspitze". Es hat den Charakter einer Berghütte mit viel Platz im Freien und ist preiswerter als die Bergrestaurants. Etwas weiter liegt in Sichtweite noch der Gasthof „Schwedenschanze".

Sie können statt mit dem Schiff auch mit Bus oder Bahn nach Bregenz gelangen. Die Auffahrt zur Pfänderbergstation mit dem Auto (ab Lochau) ist ebenfalls möglich, nur nicht ganz so spannend. Müssen Sie in Bregenz länger aufs Schiff warten, besteht die Möglichkeit, in der Bucht nördlich vom Hafen (Radweg Richtung „Lindau") zwischen Bahngleisen und See noch eben kostenlos ins Wasser zu hüpfen.

Kurzinfos

Verkehrsamt (gegenüber Bahnhof), 88131 Lindau, Tel. 08382/260030, Fax 260026, www.lindau-tourismus.de, info@lindau-tourismus.de; Schiff: Bodensee-Schiffsbetriebe Lindau, Tel. 08382/944416, Winterzeit (23.10.-23.3.) Friedrichshafen, Tel. 07541/9238389; Pfänderbahn Tel. 0043/5574/421600; Adlerwarte Tel. 0043/6630/53040.

Schiff: tägl. mehrere Verbindungen hin und zurück (gültiger Schiffsfahrplan im Verkehrsamt, Bahnhof oder am Hafen); Pfänderbahn: Apr bis Okt tägl. 9-19 Uhr. Adlerwarte: Anfang Mai - Anf Okt tägl. 11 und 14.30 Uhr, bei Schlechtwetter keine Flugvorführungen.

Ca. EUR: Schiff Lindau-Bregenz Erw. 4,-, Kinder-Tageskarte (am Hafenschalter) 6 bis 15 J. 3,-; Pfänderbahn: Erw. 9,80, Kinder 6-15 J. 4,90, Familienkarte 17,60; Adlerwarte: Erw. 4,10, Kinder 6-15 J. 2,10; Wildpark frei.

Auf den Schiffen und dem Pfänder.

In Lindau verschiedene P+R-Plätze (gebührenpfl., um die Altstadt zeitlich begrenzt; in Bregenz an der Talstation der Pfänderbahn (gebührenpfl.), an der Bergstation der Pfänderbahn.

Zugverbindung Lindau-Bregenz; Lindauer Stadtbus (Linie 4) zum „Kopernikusplatz", dort umsteigen in den Bregenzer Bus.

In Bregenz im Bodensee (siehe Text) oder im Osten von Lindau Eichwald-Schwimmbad am See.

Wolfegg -

Bauernhausmuseum

„Ein Museum, das lebt", nennt sich das Bauernhausmuseum zu Füßen der Wolfegger Schloßanlage nicht ohne Stolz, denn es lebt in der Tat: In den Fischteichen tummeln sich Forellen; Rinder, Schweine, Ziegen, Schafe, Hühner und Gänse bevölkern die Grünanlagen zwischen den 15 Objekten (weitere sind geplant), die in längst vergangene Zeiten entführen. Viele Sonderveranstaltungen - wie z.B. die beliebten Familientage während der Sommerferien und das große Museumsfest Anfang September, für Gruppen hauswirtschaftliche Vorführungen (Kochen, Brotbacken, Nudeln machen) oder museumspädagogische Programme für Schulklassen - bringen zusätzliche Aktivitäten in die originalgetreu wieder aufgebauten Häuser und stellen altes Brauchtum in den Mittelpunkt. Das Museum ist keine Ansammlung von Raritäten, sondern ein bezauberndes Dorf mit prächtigen alten Häusern aus der oberschwäbischen und Allgäuer Heimat.

1978 begann alles mit der Gründung eines Museumsvereins und der Erhaltung des Fischerhauses an den Schloßteichen der einstigen Hoffischerei. Heute residiert in dem schmucken Fachwerkhaus die Gaststätte „Fischerhaus", die auch ohne Museumsbesuch zugänglich ist und schwäbische Spezialitäten serviert. 2002 hat man das Gelände fast auf die doppelte Größe erweitert. Hinzugekommen sind zwei Wohngebäude und zwei Nebengebäude. Besonders stolz ist die Museumsleitung auf die alte Zehntscheuer aus dem Jahr 1430. Sie gilt als einmalig im ländlichen Raum und beherbergt neben dem Kassenbereich und Laden Dauer- und Sonderausstellungen. Nach Schafe streicheln und Gänsebekanntschaft entwickeln die Kinder einen wahren Tatendrang, die Häuser zu entdecken und zu sehen, wie früher ein Schlafzimmer, eine Küche oder eine Wohnstube aussah - in der es noch keinen Fernseher gab und alle aus einer Schüssel aßen - wie die Menschen arbeiteten, lebten und auch feierten, wie sie gekleidet waren und mit welchen Gerätschaften sie dem Boden ihr oft kärgliches täglich Brot abrangen. Was für uns heute eher nostalgische Romantik bedeutet, war damals harter Alltag - und so lange ist das eigentlich noch gar nicht her.

Kurzinfos

Bauernhausmuseum Wolfegg, Weingartener Str. 11, 88364 Wolfegg, Tel. 07527/95500, Fax 955010, www.wolfegg.de, info@bauernhaus-museum.de.

Mai-Sept tägl. 10-18 Uhr, Apr und Okt /Anf. Nov, Di-So 10-17 Uhr; Do Ferienprogramm für Kinder in allen Schulferien.

Ca. EUR: Erw. 3,50, Kinder 6-18 J. 1,50, Familienkarte 7,50.

Grillplätze und Museumsrestaurant.

Am Bauernhausmuseum. Braune Wegweiser in Wolfegg.

RAB-Linienbus Ravensburg-Kisslegg, Haltestelle „Schloßplatz". Vom Bahnhof Wolfegg zu Fuß (ca. 1 km) oder mit Bus zum Schloßplatz. Fußweg hinab zum Bauernhausmuseum (ca. 5 Min.).

Automobilmuseum (49).

49

Wolfegg - Automobilmuseum Fritz B. Busch

In einem Nebengebäude des Wolfegger Schlosses hat der bekannte Autotester und Reiseschriftsteller Fritz B. Busch seinen Traum verwirklicht: Zusammen mit weiteren Ausstellungsräumen am Schloßplatz entstand ein Oldtimer-Paradies, das wegen seiner unverwechselbaren Atmosphäre und seiner hohen fachlich-historischen Aussage als eines der sehenswertesten privaten Oldtimer-Museen Europas gilt.

Rund 200 Automobile und Traktoren, etwa 100 Motorräder, zwei alte Tankstellen und eine Sammlung von weit über 400 Modell-Autos erfreuen nicht nur durch ihren Anblick das Herz, sondern zu jedem der

Oldtimer im Automobilmuseum Fritz B. Busch

Schmuckstücke umreißt Fritz B. Busch in oft humorvollen, teils auch hintergründigen Bemerkungen dessen ureigenste Geschichte. Beispiel: „Den alten MG, Baujahr 1962, fuhr mein Englischlehrer mit Pfeife und Sportmütze. Er hatte ihn gebraucht gekauft, aber jede Woche eine neue Freundin. Wie haben wir ihn alle beneidet!" Oder zum holzverkleideten Goliath aus dem Jahr 1933, der als Lieferwagen diente: „Er war bis 1982 im Dienst des Honighändlers Erich Pass und hat ca. 600.000 km zurückgelegt. Als ich ihn 1982 aus Bremerhaven holte, hatte er noch 1 Jahr TÜV. Einen Führerschein brauchte man anfangs nicht, weil die Radler schneller waren." Ein Oldtimer zeigt nach Münzeinwurf die Arbeitsweise eines Automobils. Zum Familiensuchspiel entwickelt sich ein Ford-Coupé, rundum voller Autogramme vieler bekannter Persönlichkeiten bis hin zur Fürstin Gracia von Monaco. Es lohnt, hier nach bekannten Namen zu forschen!

Kurzinfos

Automobilmuseum Fritz B. Busch, Schloßplatz, 88364 Wolfegg, Tel. 07527/6294, Fax 07532/5142, www.automuseum-busch.de.

Mitte März-Anf./Mitte Nov täglich 9.30-18 Uhr im Winter So 10-17 Uhr.

Ca. EUR: Erw. 6,-, Kinder 5-14 Jahre 3,-.

„Café am Schloßplatz" oder beim Bauernhausmuseum.

Parkplatz am Schloßplatz.

RAB-Linienbus Ravensburg-Kisslegg, Haltestelle „Schloßplatz"; vom Bahnhof mit Bus oder ca. 1 km zu Fuß zum Schloß.

Bauernhausmuseum Wolfegg (48).

50

Leutkirch - Stadtweiher

Der Leutkircher Stadtweiher bietet einiges an Abwechslung. Ein schönes Schwimmbad wurde hier angelegt mit Kinderbecken, Spielplatz und Sprungturm. Auf kinderwagengeeignetem Weg läßt er sich umwandern, wobei gut gestaltete Lehrpfadtafeln Aufschluß geben über die Natur: Moore und Feuchtgebiete werden beispielsweise erklärt, Süßwasserfische oder die Vögel der Wiesen und am Wasser, wobei wir auch bald schon Haubentaucher und Graureiher „in natura" entdecken.

Vom Schwimmbadparkplatz gehen wir an dessen Ende links am Tennisplatz vorbei ins Naturschutzgebiet, um einen Teich herum und durch Sumpfwald mit Stichgräben zur Wasserpumpstation. Danach halten wir uns links an den Weg am See. Es gibt Stellen, an denen die Kinder ans Wasser können, allerdings darf man hier nicht baden. Wir kommen nah zur Straße, bleiben links auf dem Uferweg und laufen auf dem Damm weiter, über den Ablauf des Weihers. Eine Gastwirtschaft und ein Minigolfplatz tauchen auf (nach dem Holzbrückchen übers kleine Wehr, führt rechts ein Trampelpfad dorthin) und wir folgen dem Rundweg, der uns wieder zum Schwimmbad und Parkplatz bringt.

Die Runde um den See ist auch ein hübscher Winterspaziergang, Eislaufen darf man hier allerdings nicht. Dafür gibt es den Repsweiher, der im nordöstlichen Stadtgebiet zu finden ist.

Kurzinfos

Gästeamt Leutkirch, Gänsbühl 6, 88299 Leutkirch im Allgäu, Tel. 07561/87154, Fax 87186, www.leutkirch.de, touristinfo@leutkirch.de.

Rundweg ca. 1/2 - 1 Std. Schwimmbad etwa Mitte Mai - Mitte Sept.

Ca. EUR: Erw. 2,-, Kinder 6-18 J. 1,-.

Im Schwimmbad, beim Minigolfplatz, bei beiden Tennisanlagen.

Am Schwimmbad. Ausfahrt von der A 96 Leutkirch-West oder -Süd, Richtung Stadtmitte, dann immer Richtung Kempten, bis linker Hand das Freibad auftaucht.

Bahnhof Leutkirch, Stadtbus zum Stadtweiher oder ca. 30 Min. zu Fuß durch die Altstadt, dann Richtung Kempten.

Museum im Bock (51), Glasmuseum (51).

Leutkirch -

Museum im Bock

Das Museum im sorgfältig restaurierten Haus zum Bock (beim Gästeamt) beinhaltet nicht eine Aufreihung von Gegenständen, sondern ist in Themenkreise aufgeteilt. Es erzählt neben der Erd- und Stadtgeschichte vor allem die Lebensweise einer von Bauernstand und Handwerk geprägten Bevölkerung.

Aus dem Wohnbereich sind eine komplette Küche, bäuerliche Möbel, Trachtenvitrinen, ein bürgerliches Wohnzimmer und - was den Nachwuchs besonders entzücken wird - ein Kinderzimmer mit lauter Puppenstuben vorhanden. Zum Thema „Handwerk" hat man eine Schmiede, ein Flachs- und Weberzimmer, die Räume eines Wagners, Drechslers, Schuhmachers und Seilers aufgebaut. Jeden Mittwoch um 15 Uhr ist der Seiler anwesend. Hier erleben die Kinder, wie aus Fasern Seile entstehen, und anschließend dürfen sie ein Springseil mit nach Hause nehmen.

Interessant ist auch alles was sich um die „Gehörnte Königin des Allgäus", die Kuh, dreht, von der Anpassung der Höfe an die milchverarbeitende Landwirtschaft bis zur Einrichtung einer ehemaligen Kleinkäserei.

Aus der einstigen Glashütte Schmidsfelden, von der ein Modell zu sehen ist, stammen allerlei mundgeblasene Flaschen und Karaffen, Wasserkrügle, Schnapshunde und Arzneigütterle. In Schmidsfelden (südlich Richtung Isny-Kempten) ist in der noch bis 1896 in Betrieb gewesenen Hütte ein sehenswertes Glasmuseum entstanden.

In der kompletten Apotheke, die großenteils aus Fürstlich-Zeil'schem Besitz ihren Weg ins Museum fand, sind noch Rezepte aufbewahrt, die „das Grimmen und den Hexenschuß mit Sicherheit wegzaubern" konnten (nicht weit vom Museum existiert noch die alte Stadtapotheke aus dem Jahr 1640!).

Kurzinfos

Gästeamt Leutkirch, siehe Tour 50.

Museum im Bock: Mi 15-18, So und Feiertage 10-12 und 14-17 Uhr. Glasmuseum: Apr-Okt Sa und Fei 13-17, So 10-17 Uhr; Nov-März So und Fei 14-17 Uhr.

Ca. EUR: Museum im Bock, Glasmuseum Erw.1,-, Kinder bis 14 J. frei.

Verschiedene Parkplätze am Rande der Innenstadt.

Vom Bahnhof durch die „Bahnhofstraße", gerade über die Ampelkreuzung in die Altstadt, rechts „Untere Grabenstraße", links „Lindenstraße", „Kornhausstraße" und zum Museum beim Bockturm.

Siehe K.

Stadtweiher (50).

52

Illerbeuren - Schwäbisches Bauernhofmuseum

Das Schwäbische Bauernhofmuseum Illerbeuren wird gern als „Dorf im Dorf" bezeichnet; denn der Eingang befindet sich mitten in der kleinen Ortschaft, und 5 Häuser der über 20 Gebäude stehen noch an ihrem alten Platz. Die meisten anderen stammen aus der näheren Umgebung, wurden an ihrem Standort abgetragen und sollen hier unverfälscht erhalten bleiben.

Bei dem Freilandmuseum handelt es sich um das älteste in Bayern. Es wurde 1955 mit der St.-Ulrich-Sölde, einem putzigen kleinen Häuslein, eröffnet und zeichnet sich nicht nur durch die Vielfalt der

Höfe mit ihren Originaleinrichtungen aus, sondern auch durch die bildschöne, gepflegte Anlage mit viel Liebe zum Detail. In verschiedenen Häusern gibt es thematische Sammlungen zu sehen, z.B. Handwerkstätten wie Schmiede, Küferei, Schuster und Bürstenmacherei, daneben Gerätschaften zur Feld- und Waldarbeit, Flachs- und Milchverarbeitung, ländliche Trachten und Schmuck, Grabkreuze, Feuerwehrautos und Schlitten. Ausstellungen zur Dorf- und Zeitgeschichte veranschaulichen das frühere Leben. Einzigartig in Deutschland ist das Schwäbische Schützenmuseum mit rund 4000 Exponaten. Zu den Raritäten der Abteilung „Technik auf dem Land" gehören eine 10 m lange Wasserpumpstation und ein 15 m hohes Windrad (beide Anfang des 19. Jhs.), die einmal im Monat in Betrieb gehen.

Da zum Dorfleben auch Tiere gehören, sind die Kleinviehställe mit lebenden Exemplaren besetzt. Im großen Erweiterungsgelände hält das Bauernhofmuseum vom Aussterben bedrohte Haustierrassen, wie Zaupelschafe, Allgäuer Original Braunvieh, Süddeutsche Kaltblutpferde (Noriker, die ursprünglich von römischen Legionspferden abstammen!), Schwäbisch Hällische Landschweine u.a. Hier stehen ferner Häuser der Baugruppe Mittelschwaben in historisch gestalteter Kulturlandschaft. Man hat 50 Sorten Obstbäume entlang der Straße gepflanzt sowie Bauerngärten und eine Reihe von Äckern angelegt, auf denen alte Getreidesorten vom Beginn des 20. Jhs. oder früher wachsen.

Wechselnde Sonderausstellungen und Aktivitäten laufen das ganze Jahr über. Besonders beliebt ist das musikalisch umrahmte Frühlingsfest im April, bei dem ein buntes Rahmenprogramm die Gäste unterhält. Im alten Backofen wird Brot gebacken, außerdem gibt es einen Kurs für Hausbau (Fachwerk, Lehmbau) (nur Schulklassen oder Gruppen ab 12 Personen nach Voranmeldung).

Kurzinfos

Schwäbisches Bauernhofmuseum Illerbeuren, 87758 Kronburg-Illerbeuren, Museumstr. 8, Tel. 08394/1455, Fax 1454.
www.bauernhofmuseum.de, sekretariat@bauernhofmuseum.de

tägl. (außer Montag): Apr - Mitte Okt 9-18, Mitte Okt, Nov und März 10-16 Uhr, Führungen auf Anmeldung.

Ca. EUR: Erw. 3,50, Schüler ab 6 J. 1,30, Familienkarte 6,50.

Museumsgasthof „Gromerhof“ (auch von außen zugänglich).

Parkplätze am Museum. Bereits auf der A 96 Lindau-München Hinweisschilder „Bauernhofmuseum Illerbeuren“.

Linienbus (Deutsche Bahn AG) von Memmingen.

53

Buxheim bei Memmingen - Buxheimer Weiher und Kartause

Ein Stückchen nordwestlich von Memmingen finden Sie auf der Karte den kleinen Ort Buxheim mit einem größeren See und den drei kleineren Waldweihern. Hier können sich Familien auf verschiedenste Art die Zeit vertreiben. Im Sommer lädt das Freibad am See zum Schwimmen und Bootfahren ein, der „Family-Park“ zum Spielen und die Wege um die Waldseen zum Radeln oder Wandern auf dem „Enten“- oder „Hasen“-Weg. Hier gibt es auch Schwäne und Enten zu entdekken. Bei wenig Schnee läßt sich auch eine Winterwanderung daraus machen, Eislaufen geschieht auf eigene Gefahr. Im kleinen „Family-Park“ finden sich Spielgeräte, Tischtennisplatten, Minigolfplatz, Hindernisbillard sowie ein Kiosk.

Sollte ein Regenschauer das Vergnügen trüben oder wollen Ihre Kinder sehen, wie streng die Mönche lebten, besuchen Sie in Buxheim-Ort noch die einstige Reichskartause mit dem kleinen Kartausenmuseum und zehn original erhaltenen Zellenhäuschen, von denen eines besichtigt werden kann. Es bringt uns und unseren doch recht verwöhnten Sprößlingen so richtig zu Bewußtsein, wie wenig der Mensch eigentlich zum Leben braucht. Berühmt und ausgesprochen sehenswert ist in der Klosterkirche das nach langer Irrfahrt 1980 aus England zurückgekehrte und in mehreren Jahren aufwendig restaurierte Chorgestühl, das 1684-1689 entstand und an dem die größeren Kinder Einblick in die Handwerkskunst der damaligen Zeit erhalten.

Kurzinfos

Gemeinde Buxheim, Kirchplatz 2, 87740 Buxheim, Tel. 08331/ 97700, Fax 977070, www.buxheim.de., info@buxheim.de

Family-Park Mo-Fr ab ca. 13 Uhr, Sa/So ab ca. 10 Uhr nur bei schönem Wetter. Kartause Apr-Okt Mo-So 10-11.30 und 14-16.30 Uhr.

Freibad wie üblich, Einzelpreise im Family-Park.

Mehrere Gasthäuser am See, SB-Kiosk am Family-Park.

Parkplätze beim „Seegarten" und großer Platz beim Family-Park. Von der A96 Ausfahrt „Memmingen-Buxheim" bzw. von der A7 am Autobahnkreuz Memmingen Richtung München, dann gleiche Ausfahrt, in Buxheim links „Buxheim-Weiher" oder geradeaus zur Kartause.

RBA-Linienbus 964 von Memmingen, Haltestelle „Abzweig Weiher".

Schwimmbad am Buxheimer See, freie Plätze an den Waldweihern.

Allgäuer Volkssternwarte (54).

54

Ottobeuren -

Allgäuer Volkssternwarte

Es muß nicht immer Vollmond sein - im Gegenteil: Wenn der Erdtrabant nicht gar so hell leuchtet, sind die anderen Sterne viel besser zu beobachten. Und sollte sich der Himmel zuziehen, ist das auch nicht schlimm, denn es gibt auch sonst allerhand zu sehen.

Minigolfplatz in Buxheim (Tour 53)

Im Vortragsraum sind maßstäbliche Verkleinerungen des Planetensystems dargestellt und beschrieben. Selbstgebastelte Modelle von der V 2 über die unbemannte Raumfahrt und verschiedene Trägerraketen bis zur geplanten Raumstation „Freedom" bilden einen Abriß der Raumfahrtgeschichte. Hier läuft auch eine Dia-Schau, bei der der Schwerpunkt nicht auf endlosen Zahlenangaben, sondern mehr auf Vergleichen liegt. Wißbegierige dürfen jede Menge Fragen stellen, die die Hobbyastronomen mit Fachkenntnis und Geduld beantworten. Es gibt schöne Fotos von Himmelskörpern zu kaufen, darunter von einem ganz seltenen Nordlicht über Ottobeuren.

Anschließend geht es hinauf zu den Fernrohren, deren Arbeitsweise ebenfalls erklärt wird, und zur Himmelsbeobachtung. Der ganze Stolz ist das 1996 zum dreißigjährigen Jubiläum der Sternwarte eigens angefertigte Teleskop, das in ganz Bayern nur von einem auf dem Wendelstein übertroffen wird. Konstrukteure und Techniker haben es ausgestattet mit einem 630-mm-Hauptspiegel, azimutal montiertem Cassegrain-System mit Nasmyth-Fokus und vollelektronischer Steuerung. Filter am aufgesetzten Fernrohr ermöglichen auch die Sonnenbetrachtung. Es muß also nicht stockdunkel sein, um aufregende Blicke ins All zu tun. Denken Sie an warme Kleidung, denn sobald die Kuppel geöffnet oder über dem großen Teleskop das ganze Dach weggeschoben wird, stehen Sie im wahrsten Sinn des Wortes „oben ohne" da.

Bleibt noch die Frage, wie Sie die Sternwarte finden: In Ottobeuren bei den Parkplätzen oberhalb der Basilika fahren Sie links in die „Seb.-Kneipp-Straße" Richtung „Bad Grönenbach", gerade aus dem Ort, den Berg hinauf und durch ein Wäldchen, dann sehen Sie rechts den Parkplatz.

Von dort geht es in etwa 5 Minuten den Weg mit Sperrschild entlang zur Sternwarte, die übrigens auch im Kulturstudienplatz in Ottobeuren integriert ist.

Kurzinfos

Allgäuer Volkssternwarte, Schwabenstr. 13, 87724 Ottobeuren, Tel. 08332/9366058, Fax 936890, www.avso.de, info@avso.de.

Fr ab 19.30 Uhr.

Ca. EUR: Erw. 3,-, Kinder in Begleitung der Eltern bis 10 J. frei.

In Ottobeuren.

Nahe der Sternwarte (siehe Text).

Hallen- und Freibad in Ottobeuren.

Buxheim (53).

Bad Wörishofen-

Skyline Park

Direkt nördlich der Autobahn liegt der Erlebnispark, der Kinder- und auch Elternherzen höher schlagen lässt. HighTech mischt sich hier mit Nostalgiekarussells, seltene Fahrattraktionen finden sich zwischen Blumenwiesen und Teichen – und das zu familienfreundlichen Eintrittspreisen, bei denen alle Fahrgeschäfte inklusive sind, was die Haushaltskasse schont und zum Wiederkommen ermuntert. Zudem ist der Skyline Park zertifizierter Partner von „Kinderland Bayern".

Auf große Helden warten absolute „Bauchkribbel-Higlights": Sie lassen sich zwischen den Gittermasten des SkyShot in einer Kugel für zwei Personen in 90 m Höhe katapultieren (Schreien erlaubt - passiert ja eh!), im SkyCircle geht's mit 120 km/h rund, und im SkyFall erfordert der Vornüber-Kipp-Effekt einigen Mut und guten Magen. Die kleinen Helden düsen in Autoscootern und der Kindereisenbahn, paddeln in Indianerkanus oder genießen mit den Eltern die BobRacing-Strecke, das Ketten- und Pferdekarussell, den knallig aufgeblasenen Sprungberg, den Wasserspielplatz mit Sonnenterrasse zum Zuschauen, die Baustellenfahrt oder die Riesenrutsche.

Hit für alle ist die Outdoor-KartBahn, das Riesenrad und das 4D-Effekt-Kino, in dem die Herzen doppelt schnell schlagen. Woanders strampeln Eltern auf Fahrrädern, damit es für die Juniors im kleinen Fliegerkarussell rund geht, man probiert die neuartige Hängeachterbahn aus, fährt mit Bumper Boats oder schaukelt im nostalgischen Riesenschiff. Und jedes Jahr gibt es Neues!

Besonderes Glück haben kleine und sogar erwachsene Geburtstagskinder. Gegen Vorlage des Ausweises haben sie freien Eintritt. Wer Lust zum Feiern hat oder in toller Atmosphäre beim Brainstorming die Köpfe rauchen lassen will, findet beim Themen-Restaurant den idealen Mehrzweckraum für 20 bis 120 Personen mit top-professionellem Equipment.

Kurzinfos

Allgäu Skyline Park, Im Hartfeld 1, 86825 Bad Wörishofen, Tel. 08245/96690, Fax 966912, www.skylinepark.de, info@skylinepark.de

Oster- bis Herbstferien tägl. ab 9.30 Uhr.

Nach Körpergröße, ca. EUR: ab 100 cm 11,50, ab 140 cm 13,-, Geburtstagskinder und -erwachsene (Ausweis) frei.

SB-Restaurant und Imbiss im Park.

Parkplatz am Park. Anfahrt über die Autobahn München-Lindau (A96), Ausfahrt „Bad Wörishofen", Wegweisern folgen.

Bahnhaltepunkt Rammingen-Skyline Park, Fußweg zum Park. Bahnhof Türkheim, Abholung und Rückfahrt (€ 1,– pro Pers.) nur auf Anmeldung (mind. 1 Tag vorher), Tel. 08268/1211.

Ab Mai 2004: „Therme" im Norden von Bad Wörishofen, Thermenparadies mit Südseelandschaft und angrenzendem Spaß- und Familienbad „Blue".

Museen in Mindelheim (95), Braumuseum (94).

56

Kaufbeuren -

Puppentheater

1957 wurde der Puppenspielverein vom Kaufbeurer Oberlehrer Alois Raab gegründet und bis 1981 in verschiedenen Etappen ein Puppentheater auf- und ausgebaut. Vereinsführung und Spielbetrieb gingen ab diesem Jahr an die Familie Funke über, und heute stehen dem Spielerteam etwa 30 Marionetten- sowie 15 Stabfigurenstücke zur Verfügung.

Jedes Jahr kommen 1-2 Eigeninszenierungen dazu. Im Spielplan stehen klassische Märchen wie „Frau Holle“, „Peterchens Mondfahrt“ oder „Rotkäppchen“, darüber hinaus „Jorinde und Joringel“, „Der Zaubermaler“ oder „Phlop, der kleine Außerirdische“.

Nach Absprache kommt das Puppentheater auch zu Schul- und Kindergartenvorstellungen oder sonstigen Auswärtsspielen. Während des alljährlich etwa Mitte Juli stattfindenden Tänzelfestes (Kinder spielen die Geschichte ihrer Stadt, sehenswert!) beteiligt sich das Puppentheater am ältesten historischen Kinderfest Bayerns mit einer Tänzelfestspielwoche.

Kurzinfos

Puppenspielverein Kaufbeuren, Wagenseilstr. 14 a, 87600 Kaufbeuren, Tel. 08341/2555 oder 14329, Fax 2555; Verkehrsverein Kaufbeuren, Kaiser-Max-Str. 1, 87600 Kaufbeuren, Tel. 08341/40405, Fax 73962, www.kaufbeuren.de, tourist-info@kaufbeuren.de.

Etwa Mitte Okt - Ende April jeden So 16 Uhr (Ausnahmen möglich).

Ca. EUR: Erw. 3,-, Kinder 3-14 J. 2,-.

Am Theater bzw. in der „Wagenseilstraße“. In Kaufbeuren Richtung „Neugablonz“ durch die „Neugablonzer Straße“, dann Schild „Puppentheater“.

Alle Buslinien nach Neugablonz, Haltestelle „Obermayerstraße“, weiter zum Blumengeschäft und danach in die „Wagenseilstraße“.

Puppentheatermuseum (57), Eisstadion (77), Braumuseum (94).

57

Kaufbeuren -

Puppentheater-Museum

Ein wenig versteckt liegt das Puppentheatermuseum in einem hübschen Innenhof, der durch eine Ladenpassage von der „Schraderstraße" oder der „Ludwigstraße" her zu erreichen ist. In Zusammenarbeit mit dem Bayerischen Nationalmuseum wurde hier die bis in den asiatischen Raum reichende Sammlung des Kaufbeurer Oberlehrers Alois Raab (1911-1987) der Öffentlichkeit zugänglich gemacht. Neben den heute unersetzlichen Originalexponaten hat Raab selbst indonesische Puppen geschaffen. 1989 konnte zusätzlich der Nachlaß des Puppenhistorikers Dr. Hans Purschke erworben werden.

An der Kasse bekommt der Besucher kostenlos Informationsblätter an die Hand, die anschließend wieder abgegeben werden müssen. Für die Kinder gibt es Bogen zu kaufen, aus denen sie zu Hause Figuren und eine Theaterkulisse ausschneiden und sich selbst ein kleines Theater basteln können. Wie so etwas fertig aussieht, läßt sich im Obergeschoß anhand alter Originale bewundern. Selbst wenn die kostbaren Theaterpuppen alle in Glasvitrinen verwahrt werden, tut das der Freude keinen Abbruch. Die Kasperlfiguren, Ritter, Hexen, großen und kleinen Marionetten, asiatischen Stabpuppen und Masken, die Puppen im unheimlichen Trollberg, die Tierfiguren und Robbi, Tobbi und das Fliewatüüt aus der gleichnamigen Fernsehsendung (1972) und viele mehr - sie alle werden Groß und Klein begeistern.

Kurzinfos

Puppentheater-Museum, Ludwigstr. 41 a, 87600 Kaufbeuren, Tel. 08341/14121 oder 2555; Verkehrsverein Kaufbeuren, siehe Tour 56.

So 10-12, Do-Sa 10-12 und 14.30-17 Uhr.

Ca. EUR: Erw. 2,-, Kinder ab 3 J. 1,-.

P Parkhaus „Innere Buchleuthen-Straße". In Kaufbeuren Richtung „Füssen, Marktoberdorf" (B 16), am Straßenbogen mit großer Kreuzung („Am Graben"/"Ganghofer Straße") abzweigen „Stadtmitte, Parkhaus" in die „Schraderstraße", am Ende links zum Parkhaus. Vom Parkhaus zurück um die Kurve und beim Bekleidungshaus links ins „Pulverturmgäßchen".

Vom Bahnhof gegenüber durch den Jordanpark, linken Weg bis zur „Ganghoferstraße", diese zur Kreuzung, links in die „Schraderstraße", vor dem Bekleidungshaus rechts (ca. 20 Min.)

Jordan-Badepark am Nordende des Parks hinter dem Stadion.

K Puppentheater (56), Eisstadion (77), Braumuseum (94).

58

Marktoberdorf - Rad-Badetour zum Ettwieser Weiher

Heute packen wir die Badesachen in den Radelkorb und starten zu einer netten kleinen Runde entweder am Bahnhof in Marktoberdorf oder am Waldparkplatz direkt am Radweg, der auf einer alten, aufgelassenen Bahntrasse zwischen Marktoberdorf und Lechbruck verläuft. Sie können natürlich die 22,3 km nach Lechbruck für eine weitere Radeltour vorsehen, nur ist das Zurückkommen etwas schwierig. Falls Sie radeln wollen: Es geht dann mehr bergauf! Bei ausreichend Schnee wird im Winter ab dem Trassenparkplatz eine Loipe gespurt.

Vom Bahnhof fahren wir die „Bahnhofstraße" südlich, an der Ampelkreuzung geradeaus, dann auf dem Rad-/Fußweg immer gerade weiter, am Hallenbad vorbei, bis zur großen Kreuzung, an der ein Schild zum „Kreiskrankenhaus" weist. Vorsichtig wechseln wir gerade und links über die Straße und halten uns an den „Rad- und Wanderweg nach Lechbruck". Es geht leicht bergan, bereits auf der einstigen Trasse, an der ein Schild auf die von 1899-1973 hier verkehrende Bahn hinweist, und zum Waldparkplatz (Autofahrer starten auf dem Radweg nach rechts).

Wir strampeln durch den Wald und rollen hinab nach Rieder. Hier ist es bereits aus mit dem Trassenvergnügen: An der ersten Vorfahrtstraße gleich rechts, fahren wir kurz bergauf-bergab, dann rechts in den „Weiherweg". Ein Bächlein begleitet uns zum Wald, in dem wir erst einen gemächlichen, ab dem Eisweiher einen starken, aber nicht allzu langen Anstieg hinnehmen müssen. Hinab zum Kuhstallweiher, können ganz Ungeduldige die erste Badepause einlegen. Im Frühling, wenn der Löwenzahn die Wiesen rundum in leuchtendes Gelb taucht, lauschen wir hier dem Froschkonzert.

In Kohlhunden kommen wir zur Hauptstraße, radeln rechts, unter der Tennenzufahrtsbrücke durch, hinter dem Haus mit Bushaltestelle links und hinab ins ruhige, idyllische Tal, in dem bereits der Ettwieser Weiher zu sehen ist. Hinter den Häusern steuern wir links den Badesee an, der Zulauf durch eine Quelle und einen moorigen Bach bekommt und daher so schönes Wasser hat. Große Liegewiesen, ein Spielplatz und ein abgeteilter Nichtschwimmerbereich sorgen fürs entspannende Vergnügen, der bewirtschaftete Kiosk fürs leibliche Wohl. Im Winter ist Eislaufen auf eigene Gefahr gestattet.

Sind Sie mit kleineren Kindern unterwegs oder ist der Nachwuchs vom Rumtoben im Wasser müde, wählen Sie den Kurzweg nach Marktoberdorf: Vom See rechts zu den Häusern, dann links den Weg durch die Wiesen bis zur Autostraße. Auf dieser (Vorsicht!) links über die Brücke und gleich links auf den Rad-/Fußweg nach Marktoberdorf. An der Kreuzung müssen die Autofahrer rechts „Kreiskrankenhaus" und auf die Radeltrasse, die Bahnbenutzer geradeaus zum Bahnhof.

Fühlen sich die größeren Sprößlinge noch nicht ausgelastet, wenden wir uns vom See dem Wald zu, in dem es wiederum ein gutes Stück bergauf geht. Im Rechtsbogen verlassen wir das Schattenstück, schauen von der aussichtsreichen Höhe übers Wertachtal, andererseits aufs Hochgebirge vom Grünten bis zu den Tannheimer Gipfeln, und erreichen den Weiler Fechsen. Unten im Hauptort auf der Querstraße rechts und vor dem Bahnübergang nochmal rechts, fahren wir immer geradeaus an der Bahn entlang und haben bereits Schloß und Kirche von Marktoberdorf im Blickfeld.

Es geht um die großzügigen Sportanlagen herum, vor der Schule auf der Straße links, dann links in den Rad-/Fußweg. (Autofahrer folgen der Straße im Rechtsbogen und kommen, an der Hauptstraße rechts, auf dem Rad-/Fußweg zur großen Kreuzung mit Schild „Kreiskrankenhaus". Weiter wie anfangs die Bahnfahrer). Er quert mittels Brücke die Straße und kommt zu einer Querstraße, an der links der Bahnhof liegt.

Kurzinfos

Verkehrsamt Marktoberdorf, Jahnstr. 1, 87616 Marktoberdorf, Tel. 08342/400845, Fax 400865, www.marktoberdorf.de, touristik@marktoberdorf.de.

Kurzrunde ca. 10 km, lange Runde ca. 15 km; vom Waldparkplatz ca. 2,5 km weniger.

Kiosk am See (etwa Mai-Sept).

P Von Marktoberdorf Richtung „Füssen" (B 16). Außerhalb vom Ort im Wald Parkplatz an der Radeltrasse. Parkmöglichkeiten auch in Bahnhofsnähe in der „Kemptener Straße".

Bahnhof Marktoberdorf.

Am Kuhstall- und Ettwieser Weiher.

59

Marktoberdorf - Elbsee

Ein Stück nordwestlich von Marktoberdorf und nicht weit von Aitrang findet sich im teils noch erhaltenen Moorgebiet ein schönes Gewässer: der Elbsee. Er ist zu jeder Jahreszeit einen Ausflug wert. Gleich beim Elbsee-Restaurant (Terrasse und Biergarten am Wasser) liegen die Leihruderboote, mit denen Sie auf den See hinausfahren können. Dabei gibt es Seerosen und Wasservögel zu bewundern. Am Ufer helfen ein paar Spielgeräte den Kleinen die Wartezeit verkürzen, falls gerade alle Boote unterwegs sind. Die Straße weiter, kommen Sie zum idyllischen Freibad.

Vom Elbsee-Restaurant führen Spazierwege hinter dem Campingplatz entlang, die radelbar oder auch kinderwagengeeignet sind, oder ein schmaler Fußweg durchs Moorgebiet zum Wanderparkplatz, der bei der Zufahrt noch vor dem See auftaucht. Von diesem Parkplatz können Sie auch eine kleine Wanderung zur urigen Seealpe machen, ein Bauernhaus ganz im Grünen, in dem es Tiere zum Anschauen und auch Kleinigkeiten zu essen gibt. Die etwa halbstündige Strecke vom Wanderparkplatz dorthin ist ausgeschildert und ebenfalls mit dem Kinderwagen befahrbar. All diese Wege sind auch im Winter bei nicht allzuviel Schnee gut zu gehen, und ist das Eis dick genug, herrscht auf dem Elbsee Hochbetrieb. Vergessen Sie also die Schlittschuhe nicht! Falls es genug schneit, werden am Elbsee auch Loipen gespurt.

Kurzinfos

Gemeindeverwaltung, Lindenstr. 30, 87648 Aitrang, Tel. 08343/ 218, Fax 1308, www.aitrang.de, verkehrsverein@aitrang.de

Schwimmbad etwa Ende Mai - Anfang Sept.

Ca. EUR: Bad Erw. 2,50, Kinder 13-18 J. 1,-.

Am See und Campingplatz, Seealpe.

Wanderparkplatz an der Zufahrt zum Elbsee (nur von Aitrang her möglich), mehrere Plätze beim Elbsee-Restaurant und Freibad.

Puppentheater (56), Puppentheatermuseum (57).

60

Seeg-Langegg - Wildfarm „Gamshof"

Der „Gamshof" ist am besten mit dem Auto oder Fahrrad zu erreichen, entweder von Seeg (Abzweig „Gamshof") oder von Hopferau (bei der Kirche Richtung „Heimen, Brandegg").

In den Gehegen leben Wildschweine, Damwild, Schafe, Mufflons, die Sie als Braten oder Wurst auch per Kilogramm kaufen können, was Sie sensiblen Kindergemütern aber besser nicht erzählen sollten. Außerdem gibt es Hasen, kleine Äffchen, Waschbären und allerlei Federvieh zu bewundern. Auf der Koppel stehen Mini-Shetland-Ponys, die das besondere Entzücken der Besucher hervorrufen. Asiatische Hängebauchschweine - ebenfalls in Miniaturausgabe - wühlen den Boden um, und Zwergziegen betteln ständig um Futter. Komplettiert wird das Kinderparadies durch eine große begehbare Volière und einen Streichelzoo.

Fürs leibliche Wohl sorgt ein Brotzeitstüberl mit Terrasse am Haus.

Kurzinfos

Wildfarm „Gamshof", Uwe Lauterbach, Langegg 248, 87637 Seeg, Tel. 08364/666, Fax 986687, www.friesenstueble.de, friesenstueble@web.de.

März-Okt Mi-Mo 10-17 Uhr, im Dez/Jan/Febr je nach Wetter.

Ca. EUR; Erwachsene 2,-, Kinder ab 4 J. 1,-.

Brotzeitstube mit Terrasse im Haus.

Am „Gamshof". Zufahrt siehe Text.

Siehe K.

Hopfensee (64), Faulensee (67), Puppenmuseum (66), Hohenfreyberg/Eisenberg (61), Falkenstein (62).

61

Eisenberg-Zell

Burgruinen Hohenfreyberg und Eisenberg

Weckt die lediglich vor dem Verfall bewahrte Ruine Hohenfreyberg eher die Fantasie und das Gefühl von Abenteuer, versetzt die restaurierte Ruine Eisenberg den Besucher recht anschaulich in die mittelalterliche Zeit. Die Geschichte der Burgen reicht zurück bis ins 11. Jh. Das Ende kam 1646, als beide auf Befehl der Tiroler Landesregierung niedergebrannt wurden, um den anrückenden Schweden keinen Stützpunkt zu bieten. Tafeln erläutern Einzelheiten und auf Eisenberg auch die verschiedenen Räume. Wollen Sie sich in die Materie vertiefen und sehen, welche Funde auf den Burgen gemacht wurden, erwartet Sie in Zell das dazugehörige Burgenmuseum.

Der kürzeste Weg auf den Schloßberg beginnt in Zell. Wir laufen am Burghotel „Bären" vorbei zur Kirche und zum kleinen Burgenmuseum,

Burgruine Falkenstein (Tour 62)

dort geradeaus zum Dorf hinaus und beim Wanderparkplatz rechts bergan. Im Wald folgen wir dem Rechtsbogen und steigen hinauf zur linken, bereits sichtbaren Ruine Hohenfreyberg, der größten im Allgäu. Hier sollten Sie den Taten- und Entdeckerdrang Ihrer Kinder etwas überwachen, das alte Gemäuer ist nicht ganz ungefährlich. Durch die Senke spazieren wir hinüber zur Ruine Eisenberg und spüren in den Räumen und Umgängen der früheren Zeit nach. Wir Eltern genießen die schöne Aussicht auf die Allgäuer Seen und Berge, die Kinder haben bereits das nächste Burgabenteuer, die Ruine Falkenstein (62) entdeckt.

Zurück in den Einschnitt zwischen den Burgen, schicken uns die Wegweiser nun auf der anderen Seite bergab und rechts zur „Schloßbergalm", auf der die Kühe den Sommer verbringen und wir einkehren können. Anschließend laufen wir das Teersträßchen hinunter nach Zell. Beim Burgenmuseum schließt sich die Runde.

Kurzinfos

Verkehrsamt Eisenberg, Pröbstener Str. 9, 87637 Eisenberg, Tel. 08364/1237, Fax 987154, www.eisenberg-allgaeu.de, touristik@eisenberg-allgaeu.de.

Ca. 1 - 1 1/2 Std. Burgenmuseum Sa, So und Feiertage 13-16 Uhr, in der Saison Gruppenführungen auch durch die Ruinen möglich (Voranmeldung Tel. 08363/94430).

Museum Spende erbeten.

Schloßbergalm (Mo Ruhetag), „Bären" in Zell (Di Ruhetag).

In der „Dorfstraße" gegenüber dem „Bären" (Abzweig „Schweinegg") oder Wanderparkplatz außerhalb vom Ort (beim Burgenmuseum geradeaus), am Abzweig zu den Burgen.

RVA-Linienbus 9709 Füssen-Pfronten, Haltestelle „Zell".

Am Hopfensee oder Weissensee.

Wildfarm (60), Hopfensee (64), Sommerrodelbahn (63), ABC (75), Eissportzentrum (76).

Pfronten-Meilingen - Burgruine Falkenstein

Auf dem 1267 m hohen Falkenstein sollte das nächste Schloß des Bayernkönigs Ludwig II. entstehen. Pläne und Modell waren bereits fertig, doch setzte der bis heute ungeklärte Tod des Märchenkönigs 1886 im Starnberger See seiner Bauwut ein Ende, so daß bis heute die Reste der 1646 verbrannten Burg der Augsburger Bischöfe den steilen Felssporn über dem Vilstal zieren.

Die Zufahrt ist in Pfronten weiträumig ausgeschildert. Von der B 310 an der Kreuzung Eisenberg-Pfronten kurz Richtung Pfronten, dann weisen Schilder links hinauf zum Falkenstein. Durch Pfronten-Meilingen geht es immer bergauf, der zweite Parkplatz an der Wegeteilung ist gebührenpflichtig. Von hier müssen Sie per pedes geradeaus dem schattigen Teersträßchen folgen, wenn Sie den Kinderwagen oder im Winter den Schlitten dabei haben, bzw. sich oder Ihren Kinden den steilen Aufstieg an der Westflanke nicht zutrauen.

Der ist natürlich viel abenteuerlicher, und außerdem: Der Parkplatz an der „Schloßangeralp" (Spielplatz) kostet nichts. Also fahren wir rechts hinauf, gehen wenige Meter zurück und rechts in den Steig mit dem Schild „Falkenstein". Auf dem auch etwas kürzeren Bergpfad durch den Wald ist ein wenig Vorsicht angebracht, ansonsten ist er problemlos zu meistern. Beim Burghotel haben wir wieder „festen" Boden unter den Füßen und steigen über Treppen hinauf zur Ruine.

Sie bietet eine herrliche Aussicht aufs Vilstal, Pfronten, die Füssener Seenlandschaft, die Ruinen Hohenfreyberg und Eisenberg (61) und natürlich das greifbar nahe Hochgebirge. Vom Breitenberg kommen uns die Gleitschirm- und Drachenflieger besuchen, die Ihre Künste dem Publikum auf der Ruine gern hautnah vor Augen führen. Durchs Fernrohr beobachten die Kinder den nächsten Start oder das Treiben im Tal - und wir die Kinder, denn es geht überall senkrecht abwärts! Wie das neue Schloß Falkenstein aussehen sollte, ist auf einem großen Bild im Innern des Burghotels zu bewundern. Unseren Nachwuchs interessiert natürlich mehr der Kiosk, an dem es das unvermeidliche Naschwerk gibt.

Zur Abwechslung laufen wir nun den Teerweg hinab. Vom Platz, auf dem ein Gedenkkreuz steht, sieht man erst richtig, wie atemberaubend die Burg auf dem steilen Felsklotz thront. Wir kommen zum unteren Parkplatz und müssen jetzt links das kurze, steile Straßenstück hinauf, es sei denn, Vater holt „kavaliersmäßig" das Auto.

Kurzinfos

Verkehrsamt Pfronten, Vilstalstr. 2, 87459 Pfronten-Ried, Tel. 08363/69888, Fax 69866, www.pfronten.de, info@pfronten.de.

Ca. 1 - 1 1/2 Std.

„Burghotel Falkenstein" bzw. „Schloßangeralp".

Am Abzweig zur „Schloßangeralp" (geb.pflichtig) oder rechts hinauf zur „Schloßangeralp". Zufahrt siehe Text.

Schwimmbäder in Pfronten und am Weissensee.

Sommerrodelbahn (63), ABC (75), Wildfarm (60), Hopfensee (64), Rodelbahnen 89, 87), Eishalle (80).

63

Nesselwang -
Sommerrodelbahn

Im unteren Hang bei der Alpspitzbahn in Nesselwang wurde 1996 die gut 1 km lange Sommerrodelbahn angelegt, die über einen eigenen Zwischenausstieg zu erreichen ist.

Sie führt abwechslungsreich mit Bögen und Geraden, zuletzt in einem tollen Kurvenlabyrinth ins Tal. Rodeln kann man nur bei trockenem Wetter, das allerdings auch im Winter, falls Frau Holle mal wieder vergessen hat, die Betten zu schütteln. Meist ist die Bahn auch zu Ostern in Betrieb, geht anschließend jedoch für etwa 3 Wochen in Revision.

Kurzinfos

Alpspitzbahn Nesselwang, Alpspitzweg 5, Tel. 08361/1270, Fax 1765, www.alpspitzbahn.de, alpspitzbahn@alpspitzbahn.de.

Tägl. etwa 9.30-17 Uhr (je nach Jahreszeit und Wetter), Hauptrodelzeit Mai - Okt/Nov.

Ca. EUR: Erw. 5,-, Kinder 6-15 J. 3,50, ermäßigte Mehrfahrtenkarten.

An der Talstation bzw. in Nesselwang.

Parkplatz an der Talstation, Abzweig zur Alpspitzbahn von der B 309 in Nesselwang an der Kirche (beschildert).

Bahnhof Nesselwang, ca. 10-15 Min. zur Alpspitzbahn.

Siehe K.

ABC Alpspitz-Bade-Center (75), Falkenstein (62), Wildfarm 60).

Hopfen am See - Hopfensee

Der fast kreisrunde Hopfensee nördlich von Füssen läßt sich im Sommer, meist auch im Winter auf kinderwagengeeignetem Weg umrunden, doch zur Attraktion wird er erst nach einer längeren Frostperiode. Sobald das Eis dick genug ist, tummelt sich alles auf dem zugefrorenen Gewässer vor den verschneiten Bergen, an deren Fuße die Königsschlösser Neuschwanstein und Hohenschwangau liegen. Dann sind jede Menge Spaziergänger unterwegs, mit oder ohne Hund, Schlitten oder Kinderwagen, dazu Schlittschuhläufer, Eishockeyspieler, Eisstockschützen und bei ausreichend Wind auch die Eissegler. Manchmal steht auch eine Gruppe Graureiher frierend in einer stilleren Bucht. Leihschlittschuhe und -schlitten gibt es am Campingplatz.

Im Sommer finden sich am Nordufer ein Schwimmbad (Nichtschwimmerbereich, Spielplatz), Minigolfplatz und Bootsverleih. Als willkommene Unterbrechung des Rundwegs, von dem aus viele Wasservögel zu beobachten sind, wird ein Besuch des „Wiesbauern" angesehen, eine Wirtschaft mit schöner Aussicht auf See und Gebirge und ein paar Spielgeräten bei der Terrasse. An der Promenade in Hopfen warten ebenfalls viele Gasthäuser mit großen Eisbechern, die auch im Winter schmecken.

Kurzinfos *Karte S. 135*

Kurverwaltung Hopfen am See, Uferstr. 21, 87629 Füssen-Hopfen am See, Tel. 08362/7458, Fax 39978. Flori's Rodel- und Schlittschuhverleih, Tel. 08362/39770 oder 7172.

Seerundweg ca. 6 km.

„Wiesbauer" oberhalb vom Rundweg (Di Ruhetag).

In Hopfen an der Promenade, oberhalb beim „Haus Hopfensee" (Zufahrt beschildert) oder am westlichen Ortsende.

RVA-Linienbus 9709 Füssen-Pfronten, Haltestelle „Verkehrsamt".

Schwimmbad in Hopfen.

Wildfarm (60), Puppenmuseum (66), Forggensee-Infozentrum (65), Lechfall (71), Falkenstein (62), Hohenfreyberg/Eisenberg (61), Eissportzentrum (76), Rodelbahnen (89-91).

65

Roßhaupten -
Forggensee-Infozentrum

Unterhalb des Forggensee-Staudamms bei Roßhaupten liegt das große E-Werk, in dem ein Informationszentrum über alles, was mit dem Wasser, dem Lech und der Stromgewinnung zusammenhängt, Aufschluß gibt. Die Zufahrt ist beschildert mit „Staustufe Roßhaupten, Infozentrum". Kommen Sie mit dem Schiff (siehe 72), gehen Sie von der Anlegestelle über den Damm und folgen ebenfalls dem Wegweiser, bis ein Schild „Kraftwerk" rechts den abkürzenden Fußweg weist. Sie können auch auf dem durchmarkierten, insgesamt etwa 32 km langen „Forggenseerundweg" eine (bzw. die ganze) Strecke radeln und Hin- oder Rückfahrt mit dem Linienschiff absolvieren.

Im halbrunden Anbau am grüngesäumten Fluß erfahren Sie alles über den Kreislauf und die Kraft des Wassers, die verschiedenen Staustufen am Lech und dessen Lauf vom Ursprung im Lechquellengebirge bis zur Mündung in die Donau. Ein kindgerechtes Plakat mit Zeichnungen erklärt anschaulich, wie der Strom vom Wasser bis in den Haushalt kommt. Eindrucksvoll sind die Hochwasserbilder des einst weitverzweigten, wilden „Licca" (= „der schnell fließende"), ebenso der präparierte, 24 kg schwere Huchen, der im Lech gefangen wurde. Natürlich beschäftigt sich die Ausstellung auch mit der Energiegewinnung, vom ersten Wasserrad bis zur modernen Turbine. Ein sich bewegendes Modell zeigt deren Arbeitsweise.

Am Rande werden Kultur und Brauchtum der Region gestreift, Naturschutz, Flora und Fauna am Lech sowie die Bedeutung des Forggensees als Freizeitparadies.

Die Geschichte befaßt sich mit den Römern und Napoleon. Durch den heutigen Forggensee führte die römische Via Claudia, und manchmal, wenn der Speicher im Frühjahr leer ist, kann man noch ein Stück ihres Verlaufs in der Steinwüste erkennen.

Auf Knopfdruck läuft ein interessanter, zweiteiliger Film ab: Der erste informiert über den 1950 begonnen Bau des Staudamms und das vorherige Aussehen der Landschaft, der zweite mit der Errichtung des Triebwasserstollens und des Kraftwerks. In diesem Zusammenhang sollten Sie noch hinter das Gebäude gehen und Ihren Kindern die riesigen Fallrohre zeigen.

Kurzinfos

Verkehrsamt Roßhaupten, Hauptstr. 10. 87672 Roßhaupten, Tel. 08367/364, Fax 642, www.rosshaupten.de, info@rosshaupten.de

Mo-Do 7-15, Fr 7-14, Juni-Sept auch Sa/So 7-17 Uhr, Mi 14 Uhr Führung auf Anmeldung

In Roßhaupten.

Vor dem Kraftwerk, Zufahrt von Roßhaupten oder Buching.

Linienschiff von Füssen (ca.15 Min. zum Kraftwerk), Linienbus 9714 Füssen-Steingaden, Haltestelle „Roßhaupten, Ortsmitte" (ca. 50-60 Min.).

Badeplatz am Illasbergsee an der Straße nach Buching oder K.

Forggensee-Schiffahrt (72), Puppenmuseum (66), Faulensee (67), Hopfensee (64), Lechfall (71), Eissportzentrum (76), Rodelbahnen (90, 91).

Winteraktivitäten auf dem Hopfensee (Tour 64)

66

Rieden -

Puppenmuseum

Künstlerpuppen, Charakterpuppen, Marionetten, Hexen, Portraitpuppen - sie alle sind nicht in Glasvitrinen drapiert, sondern bevölkern ein ganzes Haus. Sie liegen im Bettchen oder Kinderwagen, sitzen auf Schlitten oder Schulbänken, auf Polsterstühlen und Schränken oder schauen von der Galerie herunter. Dazwischen mischen sich Plüschtiere und Relikte aus alter Zeit, beispielsweise ein Kinderwagen aus dem Jahr 1870, ein hölzernes Puppenhaus oder eine uralte Puppenstube.

Viele der wunderschön gestalteten Puppen sind Unikate. Etwa ein Drittel haben aufgrund ihres Alters Sammlerwert, die neuen kommen alle aus der eigenen Werkstatt. Natürlich kann man sie auch kaufen. Doch selbst wenn Sie den Besitzwunsch hintanstellen, bereitet es ausgesprochen Vergnügen, im Haus umherzugehen, die Figuren zu bewundern und das ganze Drumherum samt Details zu entdecken.

Hinzugekommen sind idyllische Gartenfiguren aus Draht und Beton sowie Portraitpuppen aus Porzellan (auf Bestellung), außerdem eine individuelle Beratung bei Reparaturen etc. Den Ort Rieden finden Sie auf der Westseite des Forggensees zwischen Füssen und Roßhaupten.

Kurzinfos *Karte S. 135*

Puppenmuseum Rieden, Benita Diels von Salis, Hintere Schöne 4, 87669 Rieden, Tel./Fax 08362/3470.

Di/Mi 10-12 Uhr, sonst auf Anmeldung.

Ca. EUR: Erw. und Kinder ab 6 J. 3,-.

In Rieden.

Am Puppenmuseum. Von der B 16 abzweigen nach „Rieden", vor dem Gasthof links, an der Gabelung links „Puppenmuseum".

ÖVG-Linienbus 9714 Füssen-Lechbruck, Haltestelle „Rieden, Abzweigung Ort". Hinab ins Dorf, links „Weberweg", Straße queren und geradeaus den Fußweg am Bach entlang (ca. 10 Min.).

Siehe K.

Faulensee (67), Forggensee-Infozentrum (65), Forggensee-Schiffahrt (72), Hopfensee (64), Lechfall (71), Eissportzentrum (76), Rodelbahnen (90, 91).

67

Rieden - Faulensee

Er findet sich westlich von Rieden - der kleine, verträumte Moorsee, an dem es einen hübschen Badeplatz gibt. Die Anfahrt bzw. der Zugang von der Bushaltestelle erfolgen wie beim Puppenmuseum (66), doch halten Sie sich an der Gabelung nicht links zum Museum, sondern rechts bergauf zum Parkplatz beim Sägewerk. Von dort müssen Sie auf Schusters Rappen weiter, am Reiterhof „Höllmühle" vorbei zum Kiosk am See. Er bietet neben Kleinigkeiten zum Essen und Erfrischungen eine hübsche Terrasse vor der grünen Liegewiese, Schaukel, Sandkasten und Tischtennisplatte. Manchmal hat die Hundemama auch Junge, die putzig anzuschauen sind.

Etwa 20 Minuten brauchen Sie für den Spaziergang um den See, der auch wintergeeignet ist (bei genügend Eisstärke Schlittschuhe mitnehmen!). Eine hübsche Kombinationsmöglichkeit eröffnet der Forggensee-Radrundweg (markiert), auf dem Sie von Füssen aus - dort zum Lech und Bootshafen - den Ort Rieden und den Faulensee per Fahrrad erreichen können. Ein weiterer Tip wäre das Linienschiff (Tour 72) zum „Café Maria". Südlich vom Café führt ein Wander-/Radweg nach St. Urban und Rieden. Im Ort an der Kreuzung links, sind Sie bereits auf dem richtigen Weg zur Gabelung vor dem Puppenmuseum.

Kurzinfos *Karte S. 135*

Verkehrsamt Rieden, Lindenweg 4, 87669 Rieden, Tel. 08362/ 37025, Fax 39625, www.rieden.de, info@rieden.de.

Fußweg Parkplatz-See ca. 10-15 Min., Bushaltestelle-See ca. 30-45 Min., vom Schiff ca. 1 - 1 1/4 Std., Radelstrecke vom Bahnhof Füssen ca. 8-10 km, vom Schiff ca. 4 km (jeweils einfache Entfernungen).

Kiosk am See.

Parkplatz beim Sägewerk. Zufahrt siehe Text.

Wie Tour 66.

Badeplatz am See.

Puppenmuseum (66), Forggensee-Schiffahrt (72), Forggensee-Infozentrum (65), Eissportzentrum (76), Rodelbahnen (90, 91).

68

Füssen - Radeltour zu vier Badeseen

Unsere Radel-/Baderunde läßt sich - je nach Leistungsfähigkeit der Kinder - auch in zwei Teile zerlegen, wobei Sie einmal in Füssen, zum anderen im zu Schwangau gehörigen Ort Brunnen starten können. Mit kleineren Kindern oder nicht so sicheren Schwimmern ist es vielleicht besser, das Schwimmbad in Schwangau den Seen vorzuziehen.

Die **Süd- bzw. Gesamtrunde** beginnt am Füssener Bahnhof. Wir fahren zum Kreisverkehr, dahinter gerade die Hauptstraße weiter, an der Ampelkreuzung bei der „Hochstiftstraße" rechts auf den Rad-/Fußweg (mit kleineren Kindern besser das Rad auf dem Fußweg bis hier schieben, ebenso beim Rückweg) und folgen den Radelschildern „Romantische Straße": Vor dem Lechsteg vorsichtig rechts abwärts, links unter beiden Brücken hindurch, rechts hinab zum und übers Lechwehr, danach links in den Rad-Fußweg. In Horn gerade den Berg hinauf, oben rechts „Am Ehberg" und zum Gasthaus „Rübezahl" (hier findet sich ein praktischer, gebührenfreier Parkplatz für Autofahrer, die den Verkehr in Füssen meiden möchten).

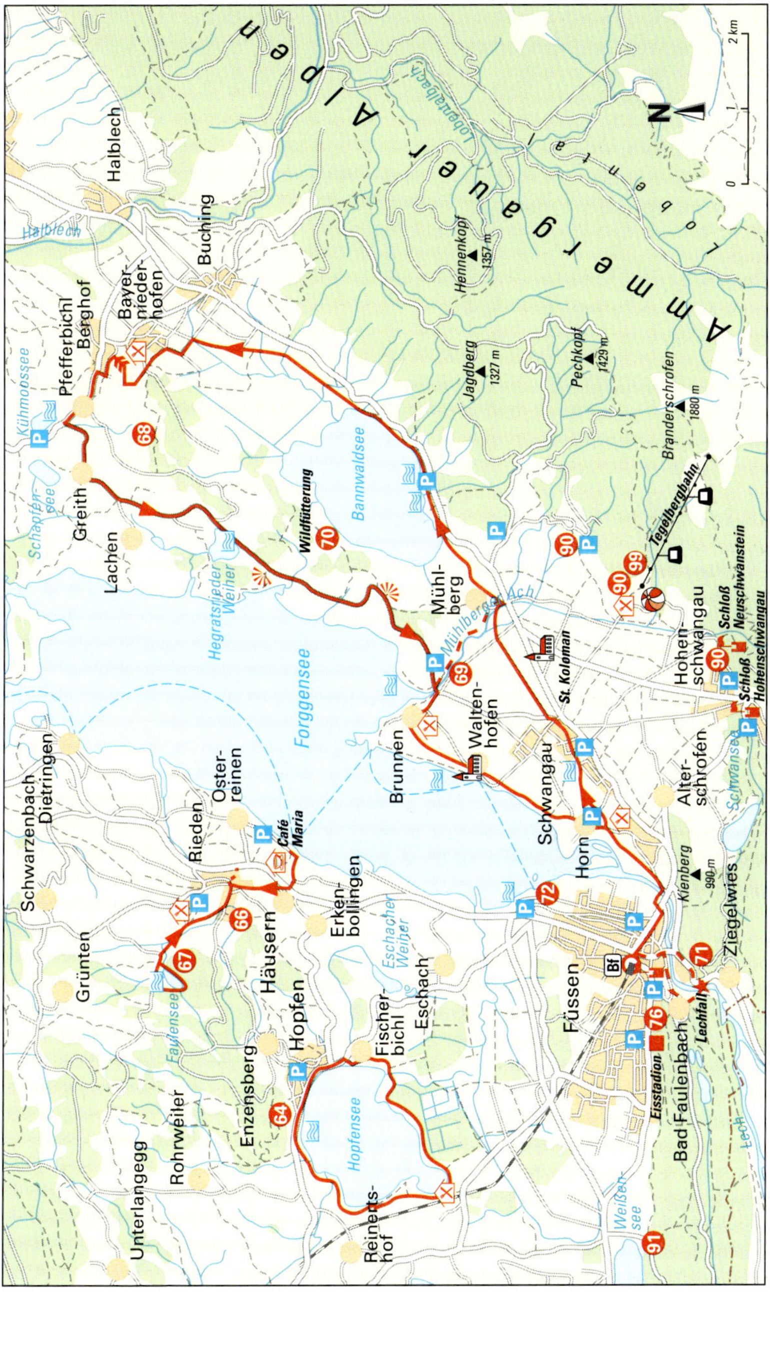

Ammergauer Alpen
Lobental
Lobentalbach
Halblech
Halblech
Buching
Bayerniederhofen
Berghof
Pfefferbichl
Kühmoossee
Schapfensee
Greith
Lachen
Hennenkopf 1357 m
Jagdberg 1327 m
Pechkopf 1429 m
Branderschrofen 1880 m
Bannwaldsee
Wildfütterung
Hegratsrieder Weiher
Tegelbergbahn
Mühlberg
Mühlberger Ach
Forggensee
St. Koloman
Hohenschwangau
Schloß Neuschwanstein
Schloß Hohenschwangau
Waltenhofen
Brunnen
Schwangau
Horn
Alterschrofen
Schwansee
Kienberg 990 m
Ziegelwies
Lechfall
Füssen
Bf
Eisstadion
Bad Faulenbach
Lech
Weißensee
Schwarzenbach
Dietringen
Osterreinen
Rieden
Café Maria
Erkenbollingen
Grünten
Häusern
Eschacher Weiher
Eschach
Faulensee
Hopfen
Enzensberg
Fischerbichl
Hopfensee
Rohrweiler
Unterlangegg
Reinertshof
64
66
67
68
69
70
71
72
76
90
91
99
0 1 2 km
N

Danach radeln wir geradeaus ins autofreie Sträßchen, zum Schwangauer Schwimmbad und gerade daran vorbei, erneut in einen Rad-/Fußweg. Wir halten aufs Kirchlein zu und strampeln durch den alten Ortsteil von Schwangau. Beim großen Brunnen weiter gerade, an der abknickenden Vorfahrt ebenfalls, nimmt uns wieder ein für Kfz gesperrtes Sträßchen auf, das durch die Wiesen führt und einen schönen Ausblick auf den Tegelberg, die Kirche St. Coloman und Schloß Neuschwanstein ermöglicht. An der Straßenkreuzung geradeaus, queren wir eine Holzbrücke.

Hier schicken wir die Kurzstreckenradler links auf dem Dammweg zum Parkplatz in Brunnen (ab da Rückweg mit Gesamtrunde). Andererseits ist es auch nicht mehr weit (ca. 2 km) zum Spielplatz und den Bademöglichkeiten am Bannwaldsee, von dem Sie zu dieser Holzbrücke zurückkehren und über den Dammweg den Südteil ebenfalls zu Ende radeln können.

Zur **Nordrunde** starten wir in Brunnen am Parkplatz hinter der Bachbrücke und fahren auf gleicher Seite auf dem Damm am Bach entlang zur Holzbrücke, dort geradeaus mit der folgenden Gesamtrunde weiter.

Nun rechts, über die Steinbrücke und gleich wieder links, folgen wir dem Radschild „Romantische Straße" und „Freibadeplatz Bannwaldsee". Birkengesäumt führt der Rad- und Wanderweg durch Schilfgebiete, am Bächlein mit Seerosen und Enten dahin und um den großen Campingplatz herum. Vor dessen Einfahrt geradeaus, dürfen auch kurzzeitig die Autos fahren, bis zum wunderschönen Spielplatz (auch Tischtennisplatte) und ersten Badeplatz am Bannwaldsee.

An der zweiten Badestelle vorbei, befinden wir uns wieder auf einem Rad-/Fußweg. Etwas steigend läuft er neben der Straße einher, gewährt einen freien Blick übers große Schilfgebiet und den See und hält in den Wiesen auf Buching und Bayerniederhofen zu. Bei der Kneipp-Anlage beobachten wir ein Weilchen die mehr oder weniger gekonnten Landungen der Gleitschirm- und Drachenflieger, die vom nahen Buchenberg herabschweben.

Am Ende der Baumreihe queren wir ein kleines Bächlein und steuern an der Kreuzung links, auf dem folgenden Querweg rechts, an der nächsten Kreuzung (beim „Tegelbergweg") links und kommen zum

Sportplatz. Wir fahren geradeaus am Schilf entlang und kurz bergan zu den Häusern von Berghof, an der Straßenkurve rechts etwas abwärts und bergauf zum Hotel-Restaurant „Berghof". Dahinter links, müssen wir weiter hinaufschnaufen und oben auf der Hauptstraße links. Durch eine kleine Senke erreichen wir den nächsten Badeplatz am moorbraunen Kühmoossee (kleiner Kinderspielplatz).

Wenige Meter zuvor haben wir uns den Abzweig mit vielerlei Schildern gemerkt: „Greith, Lachen, Hegratsried, König-Ludwig-Weg" etc. Hier radeln wir nach Greith und durchs Dorf der Straße nach, anschließend folgen längere Bergabstrecken (die Tour also besser nicht entgegen der Beschreibung fahren!). Beim Abzweig vor Lachen bleiben wir links und fahren nochmal links „Hegratsrieder Weiher" zum nächsten Badevergnügen im Moorsee unterhalb des stattlichen Bauernhofs mit der hübschen Kapelle.

Danach beginnt wieder ein autofreies Sträßchen, auf dem wir länger bergab rollen und auf dem türkisgrünen Forggensee viele weiße und bunte Segel entdecken. Dann müssen wir um den Hügel herum etwas bergauf, schauen dabei auf den Bannwaldsee und Schloß Neuschwanstein und kommen schließlich hinunter nach Brunnen. Beim Parkplatz vor der Brücke schließt sich der Kreis für die Nordstrecke.

Die Süd- bzw. Gesamtrundenradler queren die Steinbrücke - links wäre („Zur B 17") ein Abstecher zum Ponyhof (69) möglich - lenken rechts hinein in den Ort und kommen dem nächsten Badeplatz am Forggensee immer näher. Wer genug geschwommen ist, biegt hinter dem Gasthof „Seeklause" gleich links ab in den ungeteerten, dafür autofreien Weg, der uns nach Waltenhofen bringt. Zwischen den Kühen auf den Wiesen tummeln sich unzählige Möwen.

Im Ort müssen wir vor der Einbahnstraße rechts zur Waltenhofer Kirche (Schilder „Forggensee-Rundweg"), nach der Linkskurve rechts ins nur für Anlieger freie Sträßchen. Wir radeln auf der lindengesäumten Kante über dem Forggensee nach Horn. Beide Königsschlösser sind nun recht nah. Wo der „Forchenweg" rechts hinabführt, können die Autofahrer, die beim Gasthaus „Rübezahl" geparkt haben, links „Am Ehberg" abbiegen und die Runde beenden. Wer nach Füssen muß, saust hier den Hang hinunter und fährt auf bekannter Strecke zurück ins romantische Städtchen am Lech.

Kurzinfos

Karte S.135

Füssen Tourismus, siehe Tour 71; Tourist Information Schwangau, Münchener Str. 2, 87645 Schwangau, Tel. 08362/81980, Fax 819825, www.schwangau.de, info@schwangau.de.

Gesamtstrecke ca. 28 km, Südrunde ca. 13 km (ab Parkplatz in Horn je ca. 4 km weniger), Nordrunde ca. 17 km.

In Füssen; an der Strecke in Horn, Berghof, am Kühmoossee (Kiosk mit Kleinigkeiten), Brunnen, Waltenhofen.

In Füssen P 2 am Eisstadion (Kemptener Straße, B 310), von dort Richtung Zentrum, Linkskurve („Luitpoldstraße") und rechts zum Kreisverkehr. Parkplatz in Horn beim Gasthaus „Rübezahl", in Brunnen bei der Bachbrücke (siehe Karte).

Bahnhof Füssen.

5 Badeplätze an den Seen (am Bannwaldsee geringe Gebühr), Königliche Kristalltherme in Schwangau.

Ponyhof (69), Lechfall (71).

69

Schwangau-Brunnen –

Ponyhof Fischer

Pferde, Ziegen, Hund und Katz' erwarten Sie auf dem Ponyhof Fischer in Brunnen. Eine kleine oder große Runde auf dem Pferderücken stehen zur Auswahl, bei der die braven Tiere geführt werden, was Sie (billiger) als Eltern auch selbst übernehmen können. Es geht auf dem Dammweg an der Mühlberger Ach entlang. Sind alle Ponys unterwegs, verkürzen eine Schaukel sowie der Kiosk mit Eis und Getränken die Wartezeit.

Wer richtig reiten kann, darf - auch mit Mama und Papa - an dem etwa einstündigen Ausritt teilnehmen. Die Großen bekommen dann „richtige" Pferde, die schönen Haflinger mit der hellen Mähne. Im Winter und der Nebensaison hat der Ponyhof ebenfalls Reitbetrieb. Dann ist natürlich weniger los, und Sie sollten sich besser vorher anmelden, was zu den Ausritten sowieso sein muß.

Kurzinfos *Karte S. 135*

Ponyhof Fischer, Seestr. 37, 87645 Schwangau-Brunnen, Tel. 08362/8281, Fax 81455.

Ponyführen tägl. (außer So Vormittag) 10-12 und 14-17 Uhr, außerhalb der Ferien 14-17 Uhr.

Ca. EUR: Kleine Runde (ca. 1,8 km) 5,-, mit Führer 8,-; große Runde (ca. 3 km) 8,50, mit Führer 11,50. Geführter Ausritt 12,-.

In Brunnen.

Am Ponyhof bzw. an der Bachbrücke in Brunnen. Zufahrt von der B 17 in Schwangau Richtung „Waltenhofen, Brunnen".

Linienbus 9713 Füssen-Tegelbergbahn, Haltestelle „Brunnen". Zur Bachbrücke und geradeaus „Zur B 17" zum Ponyhof (ca. 5 Min.).

In Brunnen am Forggensee.

Rad-/Badetour (68), Wildfütterung (70), Forggensee-Schiffahrt (72), Forggensee-Infozentrum (65), Lechfall (71), Eissportzentrum (76), Rodelbahnen (90, 91).

70

Schwangau-Brunnen -
Wildfütterung

Es ist einfach ein aufregendes Erlebnis, wenn sich im Winter an die 80 Rehe und Hirsche an der Futterstelle auf der Mühlberger Viehweide zwischen Forggen- und Bannwaldsee nördlich von Brunnen versammeln. Dorthin geht es mit dem Pferdeschlitten oder zu Fuß. In Brunnen spazieren wir vom Parkplatz an der Bachbrücke auf dem autofreien Rad- und Wanderweg („König-Ludwig-Weg" etc.) durch die verschneite Winterlandschaft. Kurz bergauf und durch eine kleine Senke zweigt oben am großen Linksbogen rechts ein Weg ab zur „Wildfütterung". Sie ist nicht mehr weit, und die Kinder werden schon vor lauter Spannung, in Kürze das erste Reh zu entdecken, ganz leise sein!

Kurzinfos *Karte S. 135*

Tourist Information Schwangau, siehe Tour 68; Pferdeschlitten (Anmeldung nötig): Fam. Kotz, Seestr. 74, 87645 Schwangau-Brunnen, Tel. 08362/8581.

Fütterung gegen 15 Uhr, Pferdeschlitten 14.15 Uhr an der Brücke, Gehzeit zur Futterstelle ca. 1/2 Std.

Ca. EUR: Pferdeschlitten 7,- pro Person.

In Brunnen.

An der Bachbrücke. Zufahrt von der B 17 in Schwangau Richtung „Waltenhofen, Brunnen".

Linienbus 9713 Füssen-Tegelbergbahn, Haltestelle „Brunnen", in 2-3 Min. zur Bachbrücke, dort links.

Rodelbahnen (90, 91), Eissportzentrum (76), Lechfall (71), Hopfensee (64), Faulensee (67), Puppenmuseum (66), Forggensee-Infozentrum (65).

71

Füssen -

Lechfall

Von der Füssener Altstadt spaziert man zur Lechbrücke beim Kloster St. Mang, dort rechts am Flussufer zum Lechfall, der sich wild schäumend über eine Geländestufe ergießt und durch einen engen, tiefen Felsenspalt zwängt. Eine Brücke überspannt das Naturschauspiel und beim Restaurant winkt ein Eis.

Kurzinfos *Karte S. 135*

Füssen Tourismus, Kaiser-Maximilian-Platz 1, 87629 Füssen, Tel. 08362/93850, Fax 938520, www.fuessen.de, tourismus@fuessen.de.

Parkplätze in Füssen oder am Lechfall. Von Füssen an der Straße Richtung „Reutte" bei den hohen Felsen.

Forggensee-Schiffahrt (72), Rad-/Badetour (68), Ponyhof (69), Hopfensee (64), Puppenmuseum (66), Faulensee (67), Eissportzentrum (76), Wildfütterung (70), Rodelbahnen (90, 91).

Füssen - Forggensee-Schiffahrt

„Eine Seefahrt, die ist lustig..." - besonders auf dem etwa 12 km langen und bis zu 3 km breiten Forggensee. Er ist der größte Wasserspeicher im süddeutschen Raum und der viertgrößte See Bayerns. Durch den Bau des Staudamms bei Roßhaupten versanken die typische Flußlandschaft mit Auen und Kiesbänken, eine reizvolle Schlucht sowie viele Gehöfte und Weiler, darunter Forggen, von dem das Gewässer seinen Namen bekam. Allerdings gab es im Urstromtal des Lechs hier schon einmal einen See, der genau dort, wo der Staudamm die Schlucht verschließt, seinen Abfluß hatte. Heute erfüllt der Forggensee die Aufgabe eines Kopfspeichers für die flußabwärts liegenden Wasserkraftwerke und leistet einen wirksamen Hochwasserschutz, indem er die Schneeschmelze der Alpen und stärkere Regenfälle auffängt.

Umgeben von einer herrlichen Bergwelt, zu deren Füßen die Königsschlösser Hohenschwangau und Neuschwanstein liegen, macht eine Rundfahrt auf dem grünlich schimmernden See mit seinem glasklaren Wasser besonders viel Spaß. Die kleine Rundfahrt dauert 50 Minuten und startet in Füssen fünfmal täglich (nur bei genügend Beteiligung). Die große Rundfahrt findet dreimal täglich nach Fahrplan statt, dauert zwei Stunden und kann bei jeder beliebigen Anlegestelle (Waltenhofen, Brunnen, Osterreinen, Dietringen, Roßhaupten, Roßhaupten-Kraftwerk) unterbrochen oder gestartet werden.

Das ergibt reizvolle Möglichkeiten, ein Stück am See entlang zu wandern, in Roßhaupten das Informationszentrum zu besuchen oder auf dem ausgeschilderten „Forggenseerundweg" (insgesamt ca. 32 km, markiert) einen Abschnitt mit dem Fahrrad zu fahren. Die Schiffe nehmen, soweit Platz vorhanden, die Fahrräder mit, ebenso Kinderwagen und Rollstuhlfahrer. Da der Einstieg vom Ufer aus über die Bugklappe erfolgt, ist problemloses Aus- und Einschiffen möglich. Beide „Dampfer", „MS Allgäu" (250 Sitzplätze) und die „MS Füssen" (400 Sitzplät-

Die Forggensee-Schiffe nehmen auch Radler mit

ze) bieten Eis und Getränke sowie auf den Nachmittagsfahrten Kaffee und Kuchen an, auf der „Füssen" gibt es zu Mittag kleine Snacks. Fahrkarten bekommt man an Bord, die Fahrpläne bei der Forggensee-Schiffahrt oder der Kurverwaltung Füssen. Bei Nebel oder Sturm können Fahrten ausfallen. Wollen Sie selbst noch ein wenig auf dem See umherschippern, können Sie am Bootshafen in Füssen-Weidach eines der Elektroboote (bis 5 Personen), Ruder- oder Tretboote mieten. Müssen Sie noch aufs Schiff warten, spielen Sie doch beim Parkplatz eine Runde Minigolf!

Kurzinfos

Karte S. 135

Städtische Forggensee-Schiffahrt, 87629 Füssen, Tel. 08362/903131, Fax 921364, www.fuessen.de, schifffahrt@fuessen.de; Füssen Tourismus, siehe Tour 71.

Mitte Juni - Anfang Okt tägl. ab 10 Uhr nach Fahrplan.

Ca. EUR: Erw./Kinder 4-14 J.: kleine Rundfahrt 5,50 / 3,-, große Rundfahrt 8,- / 4,-, Staffelpreise für einzelne Streckenabschnitte.

Cafe-Restaurant „Bootshafen" und Café „Maria" in Osterreinen (beide Seeterrasse mit Schloßblick).

Parkplatz P 5 (gebührenpfl.) am Bootshafen Füssen-Weidach. Freie Parkplätze oberhalb vom Café „Maria" (Zufahrt von der B 16 bei Rieden beschildert) oder am Forggensee-Staudamm bei Roßhaupten.

RVA-Linienbus 9709 Füssen-Pfronten oder Bus der Fachklinik Enzensberg, Haltestelle „Bootshafen". Vom Bahnhof zu Fuß zum Kreisverkehr, geradeaus bis zum Lech und auf dem Uferweg flußabwärts zum Bootshafen (ca. 20-30 Min.).

Badeplatz beim Hafen.

Forggensee-Infozentrum (65), Faulensee (67), Puppenmuseum (66), Hopfensee (64), Lechfall (71), Ponyhof (69), Eissportzentrum (76).

Freizeit- und Erlebnisbäder

Vielerorts gibt es schöne und moderne Schwimmbäder, die durchaus besuchenswert sind. Im Buch finden Sie nur diejenigen, die unter den Begriff „Erlebnisbäder“ fallen. Die Preisgestaltung ist oft vielfältig, so daß die angegebenen Beträge nur für Einzelbesuche gelten. Spezielle Angebote wie Sauna etc. kosten überwiegend extra.

73

Oberstaufen - Aquaria

Panoramabad Aquaria, Alpenstr. 5, 87534 Oberstaufen, Tel. 08386/93130, Fax 931340: 1000 qm Wasserlandschaft (28-32°) mit Luftsprudler, Unterwassermusik, Nackenduschen, Gymnastikstangen; 100-m-Wasserrutsche, 25 m Sportbecken mit Geysir und Massagedüsen; Rundbecken mit Blubber und variabler Wassertiefe bis zu 4 m (Hubboden); Wildwasser-Kreisel, Sprungturm (3 und 5 m), Ganzjahresfreibecken mit Wasserfall, Geysir, Düsen, Luftperlbank, Unterwasser-Massageliegen; Wasser-Kindergärten mit Rutsche, Fontäne, Sprudler, Wasser-Spritze, Babywickelraum. Im Obergeschoß Saunalandschaft (römisches Dampfbad, Tepidarium, finnische Sauna, Damensauna, Whirlpools, Frischluftterrasse, Ruheräume, Panorama-FKK-Sonnenterrasse, Saunabar; im zweiten Stock Solarienwiese.

Tägl. 9-22 Uhr.

Ca. EUR: 1, 2 und 3 Stunden bzw. Tag. Beispiel 1 Std./Tag: Erw. 6,-/18,-, Kinder 6-17 J. 2,50/9,-, Familienkarte 13,-/43,-.

SB-Restaurant, Bistro und Cafeteria.

Parkhaus beim Bad. Ermäßigung bei Lösen der Eintrittskarte. Anfahrt über die B 308 (Immenstadt-Lindau), Zufahrt beschildert.

Das Aquaria liegt etwa 100 m vom Bahnhof entfernt.

Oberstdorf - Kristall Kur- und Freizeitbad

Kristall Kur- und Freizeitbad, Promenade 3, 87561 Oberstdorf, Tel. 08322/986010, Fax 986011: Wellenbad mit halbstündlicher, meterhoher „Meeresbrandung", Lasershow; liebevoll gestalteter Mutter-Kind-Bereich; Saunadorf in 300 Jahre alten Bauernhäusern, mit Whirlpool und großer Liegewiese, Solarien und Kneippbecken, Ruheraum mit Kaminfeuer und Blick auf die Bergwelt; im Kristall-Med-Center Natursole-Thermen, Wassergymnastik und Massagen, ärztlich geleitetes Therapeuten-Team.

Mo/Mi/Do 10-22, Di/Fr 10-23 (ab 20 h textilfrei), Sa 9-23, So 9-22, Schulferien/Feiertag tägl. ab 9, Sauna ab 10 Uhr, Okt-Apr tägl. ab 18.30 Uhr wechselnde Lasershow.

Ca. EUR: 2 Std., 4 Std., Tag. Beispiel: 2 Std./Tag Erw. 8,-/15,-; Kinder 6-15 J. 5,-/9,-; Kinder bis 5 J. immer 2,-.

Restaurant, Saunabar und Bistro.

Parkplätze am Bad, Ermäßigung für Badbesucher.

Vom Bahnhof zu Fuß Richtung Marktplatz (etwa 10 Min.).

75

Nesselwang - ABC Alpspitz-Bade-Center

Alpspitz-Bade-Center, Badeseeweg 11, 87484 Nesselwang, Tel. 08361/921620, www.abc-nesselwang.de, abc-nesselwang @t-online.de. Großes Erlebnisbecken mit Whirlpool-Liegen und Strömungskanal, auf dem „Crazy Bob" durchs 115m lange Wildwasser, eigene Wasserlandschaft für kleinere Kinder, Riesenwhirlpool, Saunalandschaft mit Außensauna, Naturbadesee und Blockhaussauna im Garten, Solarien

Badespaß im Oberstdorfer Kristallbad

Mo-Fr 10-22 Uhr, Sa/So+Fei 9-22 Uhr.

Ca. EUR: 45 Min., 1,5 Std., 3 Std., Tag. Beispiel: 1,5 Std./Tag: Erw. 7,-/12,-, Kinder 4 -14 J. 3,-/6,-, Familien 14,50/25,50.

Restaurant (auch für Nichtbadegäste zugänglich), Vitabar.

P Am Bad. Zufahrt in Nesselwang bei der Kirche (beschildert).

Linienbus 9731 Füssen-Kempten, Haltestelle „Kurapotheke", von dort Richtung Kirche bzw. Sportanlagen ca. 8-10 Min. zu Fuß.

Eislaufmöglichkeiten

Aufgrund der vielen Seen gibt es zahlreiche Natureisflächen, in den Orten oftmals auch Natureisbahnen. Da jedoch der Winter nicht immer hält, was er verspricht, hier noch einige größere Eissporthallen, in denen Sie witterungsunabhängig mit Ihren kleinen Eisprinzessinnen und -prinzen lustige Kringel auf die glatte Fläche zeichnen können (die Laufzeiten werden manchmal wegen Eishockeytraining oder -spielen kurzfristig geändert, in den Weihnachtsferien oft Zusatzzeiten eingeschoben):

76 *Karte S. 135*

Füssen -

Eissportzentrum

Bundesleistungszentrum für Eishockey, drei Kunsteisbahnen, Sommereislauf

Eissportzentrum Füssen, Am Kobelhang, 87629 Füssen, Tel. 08362/50750, Fax 507512, blz.fuessen.de, info@blz.fuessen.de.

Mitte/Ende Juni - Mitte/Ende Apr tägl. 14-15.50 Uhr; Mo Super-Eisdisco 20-21.30 Uhr.

Ca. EUR: Tageslauf Erw. 3,30, Schüler 2,-, Abendlauf Erw. 3,50, Schüler 2,-, Leihschlittschuhe 3,-.

Gaststätte im Eisstadion.

Am Stadion. Zufahrt über die „Kemptener Straße" (B 310).

Vom Bahnhof zu Fuß zum Kreisverkehr, rechts die „Luitpoldstraße" und rechts die „Kemptener Straße" (ca. 10-15 Min.), RVA-Linienbus 9731 Füssen-Nesselwang, Haltestelle „Birkstraße".

77

Kaufbeuren - Eisstadion

Eisstadion Kaufbeuren, Berliner Platz, 87600 Kaufbeuren, Tel. 08341/3300, Fax 3131, www.esvk.de, info@esvk.de.

Okt - März/April, Mo 20.15-22, Di 11.15-13 Uhr, Mi 11.15-13 und 20.15-21.15 Uhr, Fr/Sa 13-15, So 14-16 Uhr.

Ca. EUR: Erw. 2,50, Kinder bis 14 J. 1,-.

In der Halle (nur Kleinigkeiten).

Am Eisstadion. Zufahrt mit „Jordan-Badepark" bzw. „Eisstadion" ausgeschildert.

Vom Bahnhof gegenüber den rechten Weg in Nähe des Sportstadions durch den Jordanpark (ca. 10 Min.).

78 *Karte S. 15*

Kempten - Eisstadion

Eisstadion Kempten, Memminger Str. 137, 87435 Kempten, Tel. 0831/98668.

Mitte Sept - Ende März; Mi/Fr//So 9.30-11.30 und 14-16 Uhr, Di und Sa 14-16 Uhr, 19.30-21.30 Uhr Discolauf.

Ca. EUR: Erw. 2,50, Kinder 1,50, Leihschlittschuhe 3,-.

In der Halle.

Am Eisstadion. In Kempten Richtung „Leutkirch, Altusried".

Bushaltestelle am Stadion (über Zentrale Umsteigestelle ZUM).

79

Karte S. 71

Oberstdorf - Eissportzentrum

Bundesleistungszentrum für Eiskunstlauf,
3 Hallen unter einem Dach, Sommereislauf

Eislaufzentrum Oberstdorf, Roßbichlstr. 2-6, 87561 Oberstdorf, Tel. 08322/915130, Fax 915111.

Ganzjährig (nach Ostern etwa 6 Wo. geschlossen), tägl. 9.30-17 Uhr, Zeiten für Publikumslauf über Telefon, Tagespresse oder Internet www.oberstdorf-sport.de.

Ca. EUR: Erw. 3,-, Kinder 2,-; Leihschlittschuhe 2,50.

Kiosk und Restaurant.

Tiefgarage (gebührenpfl.) am Eislaufzentrum, Zufahrt zum „Eissportzentrum" ausgeschildert.

Vom Bahnhof Bus zur Nebelhornbahn. Dahinter liegt das Eissportzentrum.

Kletterwand im Eissportzentrum, jedoch nur mit Bergführer (Anmeldung: Bergschule Oberallgäu, 87545 Burgberg, Tel. 08321/4953, Fax 81956, www.alpinschule.de, info@alpinschule.de).

80

Pfronten-Heitlern - Eissporthalle

Eissporthalle Pfronten, Frühlingstraße, 87459 Pfronten, Tel. 08363/1635, Fax 69855.

Anfang Okt - März/April, Mo-Do 14-15.45, So 10-11.45 und 14-15.45 Uhr.

Ca. EUR: Erw. 3,50, Kinder 6-16 J. 2,70, Familienkarte ab 5,50; Leihschlittschuhe 2,-.

Gaststätte in der Eishalle.

An der Halle. Zufahrt beim Café „Platzl" in den „Adolf-Haff-Weg".

Vom Bahnhof Pfronten-Ried gerade zur Hauptstraße, diese links bis zur Bachbrücke, gleich dahinter rechts „Am Kurpark" und einen der beiden Fußwege zur Eishalle (ca. 10 Min.). Bushaltestelle „Hotel Krone" (ca. 8-10 Min.), Hauptstraße nördlich bis vor die Vilsbrücke, dort links „Am Kurpark".

81

Sonthofen - Eissporthalle

Eissporthalle Sonthofen, Hindelanger Str. 24, 87527 Sonthofen, Tel. 08321/615314, www.sonthofen.de, gaesteinfo@sonthofen.de.

Ende Sept - Mitte/Ende März, Mo-So 14-16 und Mo 19-21 Uhr, Fr 19-21 Uhr Ice-Party mit Musik und Licht, So 9.30-11 Uhr.

Ca. EUR: Erw. 2,60, Kinder bis 15 J. 1,20; Leihschlittschuhe 2,30.

Kiosk in der Halle.

Am Stadion. Richtung Bad Hindelang, Zufahrt beschildert.

Rodelbahnen bzw. Rodelwege

Es gibt Leihschlitten (etwa DM 3,— bis DM 5,—) an den Talstationen der Bergbahnen, verschiedentlich auch in Sportgeschäften oder Gasthäusern. Auf den Rodelwegen wird keine Haftung übernommen.

82

Balderschwang: Ca. 1,5 - 2 km von der Alpe Oberbalderschwang (je nachdem wie weit geräumt ist), Zugang östlich der Ortsmitte. An diesem Weg steht auch die etwa 2000 Jahre alte Doppeleibe (Hinweisschilder). Ca. 500 m von der Unteren Socheralp, Zugang nahe dem Gasthof „Jägerwinkel". Ca. 1,5 km von der Bodenseehütte zum Wertstoffhof an der Bolgenach, Zugang von Gschwend bzw. dem Parkplatz beim Skilift Schelpenalp an der Bolgenach Uferweg abwärts. Buslinie 9746 Oberstdorf-Bregenz nach Balderschwang. Parkplätze an der Straße und im Ort (gebührenpfl.) oder beim Skilift Schelpenalp.

i Verkehrsamt Balderschwang, Tel. 08328/1056.

83

Burgberg: Ca. 1,5 km vom Berggasthof „Alpenblick" nach Burgberg. Rodelverleih im Gasthaus, Schlitten werden unten abgeholt. In Burgberg zwischen Kirche und Gasthof „Löwen" die „Grüntenstraße" aufwärts, dann links „Berggasthof Alpenblick", am Ortsende Parkplatz. Bushaltestelle (Alpenvogel, Sonthofen) „Burgberg-Ortsmitte".

i Berggasthof „Alpenblick", Tel. 08321/3354.

84

Bad Hindelang: 3 Rodelbahnen à 3,5 km Länge von der Bergstation der Hornalpe-Gondelbahn sehr kurvenreich ins Tal. Parkplatz an der Talstation. Vom Busbahnhof am Abzweig „Ortsmitte, Kurhaus" zur

Kreuzung an der Hauptstraße, gerade hinüber „Hornalpebahn" (ca. 10 Min.).

ℹ Hornbahn, Tel. 08324/2404.

85

Karte S. 43

Immenstadt: Ca. 2 km von der Mittelstation der Mittag-Schwebebahn. Die Rodelbahn führt ins Steigbachtal, von dem man - beim Friedhof rechts über die Brücke - etwa 10 Min. zurückläuft zur Talstation. Parkplatz an der Sesselbahn. Vom Bahnhof ca. 10-15 Min.

ℹ Mittagbahn, Tel. 08323/6149.

86

Karte S. 15

Kempten: Rodelhang im Landschaftspark Engelhalde (siehe Tour 3).

ℹ Verkehrsamt Kempten 0831/2525237.

87

Nesselwang: Ca. 4 km von der Mittelstation der Alpspitzbahn auf einem Forstweg ins Tal, Fußweg zurück zur Talstation ca. 10 Min. (beschildert). Parkplätze an der Talstation. Linienbus 9731 Kempten-Füssen, Haltestelle „Kurapotheke", von dort etwa 10 Min. zur Alpsitzbahn. Liegt kein Schnee, ist die Sommerrodelbahn in Betrieb (siehe 63).

ℹ Alpspitzbahn, Tel. 08361/1270.

88

Karte S. 71

Oberstdorf: Ca. 3 km von der Station Seealpe der Nebelhornbahn auf dem Fußweg zur Talstation. Elektrobus vom Bahnhof. Im Ortsteil Reichenbach: Ca. 3 km von der Gaisalpe nach Reichenbach, Aufstieg vom Parkplatz (etwa in der Ortsmitte bei der Orientierungstafel Wegweiser „Rubihorn, Gaisalpe“) über den Zufahrtsweg (Tobelweg im Winter nicht begehbar) ca. 1/2 Std. Buslinien 9745 und 9744a Oberstdorf-Sonthofen. Im Stillachtal: Rodelmöglichkeit am Café „Karatsbichl“ (Mo Ruhetag) noch vor dem Höllwieslift, Brutscher-Buslinie.

i Nebelhornbahn, Tel. 08322/96000, Kurverwaltung Oberstdorf, Tel. 08322/7000, Café „Karatsbichl“ Tel. 08322/4572.

89

Pfronten: Ca. 2 km von der Burgruine Falkenstein (Burghotel) zum Parkplatz unterhalb der „Schloßangeralp“ (Hotel-Restaurant). Weiträumige Beschilderung zur Burgruine Falkenstein. Zufahrt von der B 310: Am Kreisverkehr Pfronten-Eisenberg Richtung Pfronten, kurz darauf links „Falkenstein, Schloßangeralp“, Sträßchen durch Pfronten-Meilingen hinauf bis zum Parkplatz.

i Verkehrsamt Pfronten, Tel. 08363/69888.

90

Karte S. 135

Schwangau: Rodelhang bei der Talstation der Tegelbergbahn. Von der Drehhütte (Mo Ruhetag) am Tegelberg auf dem 3,6 km langen Wirtschaftsweg rodeln möglich: Aufstieg (ca. 1- 1 1/2 Std.) vom Parkplatz ein Stück nördlich von Schwangau, Abzweig „Drehhütte“ von der B 17, ca. 1 km weiter bergauf ein zweiter Parkplatz; bei Anruf (1 Tag vorher) kann Pferdeschlittenfahrt (ca. EUR 12,-, Kinder ermäßigt) zur Drehhütte vereinbart werden. Linienbus 9715 Füssen-Steingaden, Haltestelle „Berghausstraße“, oder 9713 zur Tegelbergbahn, von dort Wanderweg ab der Pöllatbrücke nordöstlich zum oberen Parkplatz (ca. 20 Min.)

Hohenschwangau: Ca. 1,5 km auf dem Zufahrtsweg von Schloß Neuschwanstein nach Hohenschwangau, Aufstieg vom Parkplatz etwa 20 Min., oder mit Pferdekutsche bzw. -schlitten. Gleiche Buslinien wie oben, Haltestelle „Königsschlösser“. Eislaufen auf dem Alpsee.

i Drehhütte, Tel. 08362/8585, Verkehrsamt Schwangau, Tel. 08362/81980.

Rodelspaß am Fuße des Tegelbergs

91

Karte S. 135

Weissensee: Ca. 1 km von der Saloberalp (bewirtschaftet) zum Alatsee, ca. 1,2 km nach kurzem Zwischenanstieg vom Alatsee ins Tal. Aufstieg zum Alatsee (Gasthaus) vom Parkplatz am Ostufer des Weissensees ca. 1/2 Std., von dort bis zur Saloberalp ca. 20-30 Min. Linienbus 9731 Füssen-Kempten, Haltestelle „Geometerweg", hier wie die Autofahrer Beschilderung „Alatsee, Saloberalp" folgen, in ca. 5 Min. zum Parkplatz. Eislaufen auf beiden Seen möglich.

i Verkehrsamt Weissensee, Tel. 08362/6500.

Wertach: Ca. 2 km von Gereute nach Wertach, Aufstieg von der Wertacher Pfarrkirche, VG-Bushaltestelle „Post" in Wertach; ca. 1,5 km von der Buron-Hütte nach Hinterreute (südlich vom Grüntensee), Aufstieg vom etwas unterhalb gelegenen Parkplatz; ca. 2,5 km von Vorderreute, vorbei am Wildgehege, Aufstieg vom Weiler Enthalb der Ach.

Richtung Jungholz (B 310): Ca. 2 km auf geräumtem Zufahrtssträßchen vom „Alpenhof Reuterwanne", Aufstieg vom Parkplatz an der Abzweigung nach Jungholz. Bushaltestelle „Abzweigung", div. Busse der Verkehrsgemeinschaft Allgäu auf der Linie Oberjoch-Oy.

Verkehrsamt Wertach, Tel. 08365/266.

Serviceteil

Wohin bei Sonne?

Tiere, Tierparks und Wildgehege

Mit Tierparks kann das Allgäu kaum aufwarten. Hier leben die Tiere überwiegend in Freiheit, und so beziehen sich die Symbole in der Kopfleiste oft auf Tiere, die man unterwegs antrifft oder beobachten kann.
Diepolz, Bergbauernmuseum (11)
Illerbeuren, Bauernhofmuseum (52)
Lindau bzw. Bregenz, Alpenwildpark auf dem Pfänder (47)
Oberstaufen-Willis, Tiergehege (39)
Oberstdorf, Ponyhof Boxler (29)
Oberstdorf, Wildfütterung (33)
Ofterschwang, Ponyreiten (37)
Roßhaupten, Bauernhof-Führung (98)
Scheidegg, Reptilienzoo (45)
Scheidegg, Wasserfälle (44)
Schwangau-Brunnen, Ponyhof (69)
Schwangau-Brunnen, Wildfütterung (70)

Seeg-Langegg, Wildfarm „Gamshof" (60)
Wiggensbach, Reiten und Kutsch-/Pferdeschlittenfahrten (8)
Wiggensbach, Hofkäserei Haggenmüller (7)

Freizeitparks, Minigolfplätze

Nur Minigolfplätze im Tourenbereich sind hier aufgelistet.

Altusried, Freizeitpark (5)
Bad Wörishofen, Skyline-Park (55)
Buxheim, Family-Park (53)
Erlebnis-Bäder (22, 73-75)
Fischen, Minigolf an der Radelstrecke (23)
Füssen, Minigolf am Bootshafen (72)
Hopfen am See, Minigolf beim Schwimmbad (64)
Immenstadt-Bühl, Minigolf am Großen Alpsee (16)
Kempten, Landschaftspark Engelhalde (3)
Leutkirch, Minigolf beim Stadtweiher (50)
Lindau, Minigolf an der Radelstrecke (46)

Wanderungen und Spaziergänge

Hier handelt es sich vielfach nicht um reine „Wandertage", sondern ich habe den eigentlichen Vorschlägen oft einen kleinen „Umweg" hinzugefügt, von dem Sie aber nicht unbedingt Gebrauch machen müssen. Teilweise sind die Ziele auch nur nach einem kleinen Fußmarsch zu erreichen und finden sich somit ebenfalls unter dieser Rubrik.

Buxheim, Waldweiher (53)
Eisenberg-Zell, Burgruinen Hohenfreyberg und Eisenberg (61)
Füssen, Lechfall (71)
Hindelang-Hinterstein, Kutschenmuseum, Wasserfall, Spielweg (24)
Hopfen, Um den Hopfensee (64)
Immenstadt, Badeweg (16)
Immenstadt, Steigbachtobel und Mittelbergalpe (18)
Jungholz. Almen- und Gipfelwanderung (26)
Kleinweiler-Hofen, Ruine Alttrauchburg (10)
Leutkirch, Stadtweiher (50)
Lindenberg, Waldsee (42)
Maierhöfen, Eistobel (41)
Marktoberdorf, Elbsee (59)
Oberstaufen-Buchenegg, Wasserfälle (40)
Oberstdorf, Freibergsee (30)
Oberstdorf, Stillachtal (32)

Oberstdorf, Schlappold-Alpe (97)
Petersthal, Rottachsee (14)
Pfronten-Meilingen, Burgruine Falkenstein (62)
Rieden, Faulensee (67)
Scheidegg, Wasserfälle (44)
Sonthofen, Wasserwirtschaftlicher Lehrwanderweg (23)
Sonthofen-Winkel, Starzlachklamm und Alpe Topfen (22)
Sulzberg, Burgruine (13)
Tannheim, Um den Vilsalpsee (27)
Tiefenbach, Breitachklamm (35)

Ausflüge mit dem Rad

Neben reinen Radeltouren finden Sie hier Vorschläge, bei denen Sie das Rad mitnehmen können, aber nicht müssen.

Buxheim, Waldweiher (53)
Füssen, 4-Seen-Tour (68)
Füssen, Forggenseerundweg (65, 67, 72)
Hindelang-Hinterstein, Kutschenmuseum, Wander- und Spielweg (24)
Immenstadt, Badeweg (16)
Lindau, Bodenseeradweg bis Langenargen (46)
Marktoberdorf, Elbsee (59)
Marktoberdorf, Ettwieser Weiher (58)
Oberstdorf, Stillachtal (32)
Petersthal, Um den Rottachsee (14)
Rieden, Faulensee (67)
Sonthofen, Wasserwirtschaftlicher Lehrwanderweg (23)

Mit Boot und Schiff

Blaichach-Bihlerdorf, Canadiertouren (19)
Buxheim, Buxheimer See (53)
Bühl, Großer Alpsee (16)
Füssen, Forggensee-Schiffahrt (72)
Hopfen, Hopfensee (64)
Lindau, nach Bregenz zum Alpenwildpark (47)
Lindau, Radeltour mit Schiffsrückfahrt (46)
Marktoberdorf, Elbsee (59)
Oberstdorf, Freibergsee (30)
Petersthal, Rottachsee (14)
Rieden, Faulensee (67)
Sulzberg, Sulzberger See (13)

Seen, Schlösser, Burgen und was sonst noch interessant ist

Blaichach-Bihlerdorf, Canyoning (19)
Buxheim, Buxheimer Weiher und Kartause (53)
Eisenberg-Zell, Burgruinen Hohenfreyberg und Eisenberg (61)
Füssen, Lechfall (71)
Hopfen am See, Hopfensee (64)
Immenstadt, Großer und Kleiner Alpsee (16)
Immenstadt-Hofen, Wasserski (17)
Kempten, Kinderstadtführung (1)
Kleinwalsertal, Bergabenteuer, Canyoning (34)
Kleinweiler-Hofen, Ruine Alttrauchburg (10)
Leutkirch, Stadtweiher (50)
Lindenberg, Waldsee (42)
Marktoberdorf, Elbsee (59)
Obermaiselstein, Sturmannshöhle (36)
Oberstdorf, Freibergsee (30)
Ottobeuren, Allgäuer Volkssternwarte (54)
Petersthal, Rottachsee (14)
Pfronten-Meilingen, Burgruine Falkenstein (62)
Rieden, Faulensee (67)
Sommerrodelbahnen (63, 93 und 99)
Sonthofen-Winkel, Starzlachklamm (22)
Sulzberg, Burgruine (13)
Tiefenbach, Breitachklamm (35)
Weitnau-Seltmanns, Kletterhalle (12)

Freilichtmuseen und Besichtigungen

Diepolz, Bergbauernmuseum (11)
Fischen, Obermühle (28)
Hindelang-Oberjoch, Alpe Kematsried (25)
Illerbeuren, Schwäbisches Bauernhofmuseum (52)
Kaufbeuren, Puppentheater (56)
Kempten, Archäologischer Park Cambodunum (4)
Oberstaufen-Thalkirchdorf, Bauernhausmuseum (38)
Oberstdorf, Skiflugschanze (31)
Roßhaupten, Forggensee-Infozentrum (65)
Sonthofen, MO-Lok (20)
Wengen, Miniland und Miniwelt, Modelleisenbahnschau (9)
Wiggensbach-Schwarzachen, Hofkäserei Haggenmüller (7)
Wiggensbach, WIZ (6)
Wolfegg, Bauernhausmuseum (48)

Wohin bei Regen?

Museen und andere Möglichkeiten

Diepolz, Bergbauernmuseum (11)
Eishallen, Sommereislauf (76, 79)
Hindelang-Hinterstein, Kutschenmuseum (24)
Hindelang-Oberjoch, Alpe Kematsried (25)
Illerbeuren, Schwäbisches Bauernhofmuseum (52)
Immenstadt, Museum Hofmühle (15)
Irsee, Braumuseum (94)

Kaufbeuren, Puppentheater (56) und -museum (57)
Kempten, Alpinmuseum (2)
Kempten, APC Archäologischer Park Cambodunum (4)
Leutkirch, Museum im Bock, Glasmuseum (51)

Lindenberg, Hutmuseum (42)
Mindelheim, Vorgeschichtsmuseum (95)
Oberstaufen-Thalkirchdorf, Bauernhausmuseum (38), Miniwelt (93)

Oberstdorf, Kletterwand (79)
Rieden, Puppenmuseum (66)
Roßhaupten, Forggensee-Infozentrum (65)
Scheidegg, Handwerkermuseum, Heimathaus (43)
Scheidegg, Reptilienzoo (45)
Sonthofen, Heimathaus (21)
Sonthofen, MO-Lok (20)
Wangen, Heimat- und Käsereimuseum (100)
Weitnau-Seltmanns, Kletterhalle (12)
Wengen, Miniland, Modelleisenbahnschau (9)
Wengen, Puppenwelt (96)
Wiggensbach, WIZ (6)
Wiggensbach-Schwarzachen, Hofkäserei Haggenmüller (7)
Wolfegg, Automobilmuseum Fritz B. Busch (49)
Wolfegg, Bauernhausmuseum (48)

Badespaß-Erlebnisbäder

Nesselwang, ABC Alpspitz-Bade-Center (75)
Oberstaufen, Aquaria (73)

Oberstdorf, Kristall Kur- und Freizeitbad (74)
Sonthofen, Wonnemar (22)

Wohin bei Eis und Schnee?

Natürlich läßt sich im Winter auch manches aus dem „Regen-Angebot" wählen.

Blaichach-Bihlerdorf, Schneeschuhwandern (19)
Buxheim, Waldweiher (53)
Diepolz, Bergbauernmuseum (11)
Eishallen (76-81)
Füssen, Lechfall (71)
Hinterstein, Kutschenmuseum, Wander- und Spielweg (24)
Hopfen, Hopfensee (64)
Immenstadt, Natureislaufplatz (16)
Kempten, Landschaftspark Engelhalde (3)
Leutkirch, Stadtweiher (50)
Lindenberg, Waldsee, Kinderloipe (42)
Maierhöfen, Eistobel (41)
Marktoberdorf, Elbsee (59)
Marktoberdorf, Ettwieser Weiher (58)
Mindelheim, Krippenmuseum (95)
Obermaiselstein, Sturmannshöhle (36)
Oberstdorf, Freibergsee (30)
Oberstdorf, Pferdeschlittenfahrten (29)
Oberstdorf, Skiflugschanze (31)
Oberstdorf, Stillachtal (32)
Oberstdorf, Wildfütterung (33)
Ofterschwang, Ponyrundweg (37)
Pfronten-Meilingen, Burgruine Falkenstein (62)
Rieden, Faulensee (67)
Rodelbahnen (82-92)
Schwangau-Brunnen, Ponyhof (69)
Schwangau-Brunnen, Wildfütterung (70)
Seeg-Langegg, Wildfarm „Gamshof" (60)
Sonthofen, Krippe im Heimathaus (21)
Tiefenbach, Breitachklamm (35)
Wiggensbach, Reiten und Pferdeschlittenfahrten (8)

>>

Das Baby dabei

Sicherlich können Sie heute nahezu überallhin Ihr Baby mitnehmen, auch in Museen oder Burgen beispielsweise, entsprechende Tragegestelle machen es möglich. Doch sind hier nur wirklich babygerechte Vorschläge aufgelistet:

Altusried, Freizeitpark (5)
Erlebnisbäder (74-76)
Buxheim, Buxheimer Weiher (53)
Diepolz, Bergbauernmuseum (11)
Füssen, Forggensee-Schiffahrt (73)
Füssen, Lechfall (72)
Hindelang-Hinterstein, Kutschenmuseum, Wander- und Spielweg (24)
Hindelang-Oberjoch, Alpe Kematsried (25)
Hopfen am See, Hopfensee (64)
Illerbeuren, Schwäbisches Bauernhofmuseum (52)
Immenstadt, Badeweg (16)
Kempten, Archäologischer Park Cambodunum (4)
Kempten, Landschaftspark Engelhalde (3)
Leutkirch, Stadtweiher (50)
Lindau, Alpenwildpark (47)
Lindau, Bodenseerundweg (46)
Lindenberg, Waldsee (42)
Marktoberdorf, Elbsee (59)
Oberstaufen-Willis, Wildpark (39)
Oberstdorf, Ponyhof (29)
Oberstdorf, Stillachtal (32)
Ofterschwang, Ponyreiten (37)
Petersthal, Rottachsee (14)
Pfronten-Meilingen, Burgruine Falkenstein (62)
Rieden, Faulensee (67)
Rieden, Puppenmuseum (66)
Roßhaupten, Forggensee-Infozentrum (65)
Scheidegg, Reptilienzoo (45)
Scheidegg, Wasserfälle (44)
Schwangau-Brunnen, Ponyhof (69)
Seeg-Langegg, Wildfarm (60)
Sonthofen, MO-Lok (20)
Sonthofen, Wasserwirtschaftlicher Lehrpfad (23)

Wengen, Miniland und Miniwelt, Modelleisenbahnschau (9)
Wiggensbach, WIZ (6)
Wiggensbach-Schwarzachen, Hofkäserei Haggenmüller (7)
Wolfegg, Automobilmuseum Fritz B. Busch (49)
Wolfegg, Bauernhausmuseum (48)

Fahrradverleih

In vielen Orten können Sie ein Fahrrad mieten und selbst auf Entdeckungsreise gehen; die Verkehrsämter sagen Ihnen, wo Sie ein Radel erhalten. Die folgenden Verleihmöglichkeiten beziehen sich nur auf Radeltouren bzw. -möglichkeiten im Buch.
Fischen: Am Bahnhofskiosk, weitere über Verkehrsamt, Tel. 08326/36460.
Füssen: Bahnhof oder über Verkehrsamt, Tel. 08362/93850.
Immenstadt: Bahnhof oder Tel. 08323/8660, weitere über Verkehrsamt, Tel. 08323/914176.
Kempten: Bahnhof oder Tel. 0831/27264.
Kressbronn: Bahnhof oder Tel. 07543/6785, weitere über Verkehrsamt, Tel. 07543/96650.
Langenargen: Über Verkehrsamt, Tel. 07543/933092.
Lindau: Bahnhof oder Tel. 08382/21261, weitere über Verkehrsamt, Tel. 08382/260030.
Nonnenhorn: Über Verkehrsamt, Tel. 08382/8250.
Oberstdorf: Bahnhof oder Tel. 08322/4467, weitere über Verkehrsamt 08322/700200.
Sonthofen: Bahnhof oder Tel. 08321/86958, weitere über Verkehrsamt, Tel. 08321/615291.
Wasserburg: Über Verkehrsamt, Tel. 08382/887474.

Öffentliche Verkehrsmittel

Im Oberallgäu gibt es im Rahmen der Verkehrsgemeinschaften Oberallgäu/Kempten/Deutsche Bahn AG Tages- und Urlaubskarten, die mit Spar- und Super-Spartarifen zu beliebig vielen Fahrten auf allen Bahnen und Bussen im Geltungsbereich berechtigen. Kinder unter 15 Jahren fahren in Begleitung eines Elternteils kostenlos. Info: Landratsamt Oberallgäu, Nahverkehr, 87257 Sonthofen, Tel. 08321/612237. Am Bodensee begünstigt die Bodensee-Erlebniskarte die Preise von Schiff, Bahn, Bus, Bergbahn, Bädern und Museen; erhältlich bei den Tourist-Informationen.

Bus

(nur im Tourenbereich)
Brutscher, Oberstdorf: Tel. 08322/4811.
OVG: Ostallgäuer Verkehrsgemeinschaft, Kaufbeuren,
Tel. 08341/809533.
RAB: Regionalverkehr Alb-Bodensee, Ravensburg, Tel. 0751/2766.
RBA: Regionalbus Augsburg, Tel. 0821/502150.
RVA, OVG: Regionalverkehr Allgäu, Füssen, Tel. 08362/9390505;
AST = Anruf-Sammel-Taxi, Tel. 08362/6222).
Stadtbus Lindau: Tel. 08382/704242; Westallgäuer, Tel. 08382/704412.
VGK: Verkehrsgemeinschaft Kempten incl. VG Oberallgäu (VG, VGA, VGO, KommMit, Alpenvogel und ZUM) Tel. 0831/522880.
Alle Buslinien in Kempten fahren über die ZUM (= Zentrale Umsteigestelle).

Bahn

Zwischen München, Augsburg, Ulm, Memmingen und dem Bodensee gibt es stündliche bzw. zweistündliche Zugverbindungen in jeder Richtung mit Halt auch in kleineren Orten. Das Zauberwort heißt: „Bayern-Takt" und „Allgäu-Schwaben-Takt", Tel. 089/7488250, www.bayern-takt.de, info@bayern-takt.de. Übersichtskarten und praktische Taschenfahrpläne erhalten Sie an größeren Bahnhöfen, Fahrplan-Auskunft über den Reise-Service der Bahn Tel. 11861 oder unter www.bahn.de. Einen besonderen Service gibt es in den Landkreisen Ober- und Ostallgäu für Radfahrer: täglich kostenlose Beförderung der Räder auf diversen Strecken in zuschlagsfreien Zügen (Auskunft und Infoblätter bei der Bahn oder den Tourist-Informationen).

Wie in den normalen oder Takt-Zügen gelten auch im Allgäu-Express „ALEX" alle Fahrscheine und Angebote der Deutschen Bahn, wie z.B. das Bayern- oder das Schöne-Wochenende-Ticket. Auf der Strecke Kempten-Immenstadt-Oberstdorf ist die Fahrradmitnahme kostenlos. Ansonsten ist eine Fahrradkarte zu lösen. Tickets erhält man an allen ALEX- und DB-Verkaufsstellen und -agenturen, an den Ticketautomaten sowie direkt bei den ALEX-Mitarbeitern im Zug. Info-Telefon 0 18 05 / 91 51 09 (0,12 ct/Min), www.alexpress.de.

Nicht jeder darf die große Python halten (im Reptilienzoo Scheidegg) >>

Die „letzten Acht“

Ein paar Tips zum Schluß, die aus Platzgründen keine ausführliche Besprechung mehr erfahren konnten, jedoch ebenfalls empfehlenswert sind:

93 Oberstaufen-Wengen: Sommerrodelbahn an der Hündle-Bahn, Tel. 08386/2720. Auf der anderen Straßenseite der B 308 Miniwelt Modelleisenbahnanlage, Tel. 08386/960711.

94 Irsee: Braumuseum der Irseer Klosterbrauerei, beim Bräugasthof, tägl. 9-19 Uhr; Brauereiführung auf Anmeldung, Tel. 08341/432200.

95 Mindelheim: Vorgeschichtsmuseum, Krippenmuseum und Textilmuseum, Hermelestr. 4, Di-So 10-12 und 14-16 Uhr, Tel. 08261/6964. Zur Weihnachtszeit sehenswerte Krippe mit Großfiguren nebenan in der Jesuitenkirche, am Unteren Tor.

96 Wengen: Puppenwelt, Lindauer Str. 22 (am Ortsende Richtung Isny). Ein Haus voller Puppen, Puppenstuben, Miniaturen und für Väter und Söhne Automodelle in verschiedenen Maßstäben. Mo - Sa 10-17 Uhr, Tel. 08375/521.

97 Oberstdorf *(Karte S. 71)*: Mit der Fellhornbahn zur Mittelstation (Kinderspielplatz). Von dort zu Fuß zum nahen Schlappoldsee und zur Schlappold-Alpe mit Sennerei (ca. 20-30 Min.). Es gibt frischen Bergkäse und Milch. Alp etwa Anfang Juni - Anfang Sept. Tel. 08322/96000 oder 7000.

98 Roßhaupten: Geführte Bauernhofbesichtigung mit Milchprobe und vielen Tieren, jeden Mi 10 Uhr; Anmeldung bei der Tourist-Information, Tel. 08367/364.

99 Schwangau *(Karte S. 135)*: Sommerrodelbahn an der Tegelbergbahn. Ganzjährig durch beheizte Bahn, allerdings nicht bei Schnee. Schöner Kinderspielplatz an der Talstation. Tel.08362/98360.

100 Wangen: Heimat- und Käsereimuseum in der Eselmühle, an der sich das Wasserrad noch dreht und das u.a. die Originaleinrichtung der traditionsreichen Mahlmühle enthält. Tel. 07522/74240 oder 74211.

Ortsregister

A

Aitrang 121
Altusried 23

B

Bad Grönenbach 112
Bad Hindelang 58, 61, 152
Bad Schachen 96
Bad Wörishofen 113
Balderschwang 152
Bayerniederhofen 136
Berghof 137
Birgsau 73
Blaichach 48
Bödmen 76
Brandegg 121
Bregenz 98
Breitachklamm 77
Brunnen 134, 138, 140
Buchenegg 85
Buching 136
Bühl 42
Burg 26
Burgberg 52, 54, 152
Buxheim 109

D

Diepolz 32
Durach 37

E

Einödsbach 73
Eisenberg 122
Elbsee 120
Enthalb der Ach 156

F

Faulensee 133
Fechsen 118
Fischen 56, 65
Forggensee 142
Freibergsee 69
Füssen 134, 141, 142, 148

G

Gereute 156

H

Haldensee 65
Hinterreute 156
Hinterstein 58
Hohenschwangau 154
Hopfen am See 128
Hopferau 121
Horn 134

I

Illerbeuren 107
Immenstadt 40, 42, 44, 46, 153
Irsee 166
Isny 28, 89

J

Jungholz 62, 156

K

Kaufbeuren 114, 116, 149
Kempten 15, 17, 21, 149, 153
Kisslegg 102, 104
Kleinwalsertal 76
Kleinweilerhofen 30
Knechtenhofen 83
Kohlhunden 118

L

Langegg 121
Langenargen 95
Leutkirch 104, 106
Lindau 92, 95, 98
Lindenberg 90

M

Maierhöfen 88
Marktoberdorf 117, 120
Memmingen 109
Mindelheim 166
Mittelberg 76
Moosbach 38

N

Nesselwang 127, 146, 153
Neugablonz 115

O

Oberjoch 61
Obermaiselstein 80
Oberstaufen 83, 84, 85, 145
Oberstdorf 67,69, 70, 73, 74, 146, 1 50, 153, 166
Ofterschwang 81
Ottobeuren 110
Oy 156

P

Petersthal 38
Pfänder 98
Pfronten 125, 150, 154

R

Ravensburg 102
Ried 151
Rieden 131, 133
Rieder 118
Rohrachschlucht 93
Roßhaupten 129, 132, 166
Röthenbach 89, 91, 92
Rottachsee 38

S

Scheidegg 92, 93, 94
Schnaidt 97
Schwand 69
Schwangau134,138,140,154,166
Schwarzachen 25
Seeg 121
Seltmanns 35
Sonthofen 50, 51, 52, 56, 151
Steibis 85
Stillachtal 73, 74
Sulzberg 36

T

Tannheim 64
Thalkirchdorf 83
Tiefenbach 77
Tunau 97

U

Unterkürnach 26

V

Vorderreute 156

W

Waldsee 90
Waltenhofen 137
Wangen 92, 166
Weissensee 155
Weitnau 35
Wengen 28, 166
Wertach 156
Wiggensbach 24, 25, 26
Willis 84
Winkel 52, 54
Wolfegg 101, 102

Z

Zell 122